2019 年部省合建优势特色学科建设项目资助出版

老年人参与志愿者活动

SENIORS PARTICIPATE IN VOLUNTEER ACTIVITIES
An Important Way to Achieve Positive Aging

段世江／著

—— 积极老龄化的重要实现途径

社会科学文献出版社
SOCIAL SCIENCES ACADEMIC PRESS (CHINA)

前　言

　　人口老龄化是 21 世纪中国新的基本国情，是不可逆转的经济社会的常态现象。党的十九大提出，到 21 世纪中叶要实现从全面建成小康社会到基本实现社会主义现代化，再到建成富强民主文明和谐美丽的社会主义现代化强国的"两阶段、两步走"战略部署，这个周期恰恰是中国人口老龄化进程最快的时期。[①] 老龄化浪潮如山洪海啸般袭来，老龄人口规模大、人口老龄化速度快、高龄化态势显著。人口老龄化的加深加快，对中国改革和可持续发展提出了严峻挑战，也对积极应对人口老龄化的顶层设计提出了更高要求。

　　党的十八大以来，党中央确定积极应对人口老龄化是国家的一项长期战略任务，并在《中华人民共和国老年人权益保障法》（以下简称《老年法》）中予以确认，奠定了全民积极参与应对人口老龄化的法律基础。党的十八大和十八届三中、四中、五中全会以及"十三五"规划纲要等都对人口老龄化提出了明确要求。2015 年习近平总书记对加强老龄工作做出重要指示，强调有效应对中国人口老龄化事关国家发展全局，事关亿万百姓福祉。要立足当前、着眼长远，加强顶层设计，完善生育、就业、养老等重大政策和制度，

---

　　① 　原新：《积极应对人口老龄化是新时代的国家战略》，《人口研究》2018 年第 3 期，第 3 ~ 8 页。

做到及时应对、科学应对、综合应对。2016 年 5 月 27 日，中央政治局就中国人口老龄化的形势和对策举行第三十二次集体学习，习近平总书记在主持集体学习时强调，坚持党委领导、政府主导、社会参与、全民行动相结合，坚持应对人口老龄化和促进社会经济发展相结合，坚持满足老年人需求和解决人口老龄化问题相结合，努力挖掘人口老龄化给国家发展带来的活力和机遇，努力满足老年人日益增长的物质文化需求，推动老龄事业全面协调可持续发展。党的十九大更明确提出，积极应对人口老龄化，构建养老、孝老、敬老政策体系和社会环境，推进医养结合，加快老龄事业和产业发展。这些重要论述和重大决策反映了国家和政府在老龄问题治理上的最新认识、姿态和作为，对老龄工作和老龄事业发展具有很强的指导性、推动性和开拓性意义。[①]

国家对人口老龄化问题重视程度日趋提升，对人口老龄化问题的科学、客观、理性的认识为构筑应对人口老龄化的战略体系和顶层设计奠定了基础，也推动全社会进一步增强及时、科学、综合应对人口老龄化的共识和观念。

理念决定思路，思路决定出路。自从中国进入老龄社会，国家在"未富先老"的现实国情下，在应对老龄化的体制机制、政策体系以及环境建设等诸多方面快马加鞭，与快速老龄化赛跑。一直以来，我们把人口老龄化问题主要看作老年人问题甚至是养老问题，各地区各部门发展老龄事业也主要聚焦于物质层面和身体健康层面，努力加强养老保障和养老服务体系建设；学者们也大多视老年人为依赖性群体，并由此探寻养护办法。无论是国家政策还是老龄科学研究依然缺少对"老年人主体地位"的关注，忽略了老年人自身的潜力，从而使来自老年人自身的"动能"和"潜能"没有获得充分

---

① 穆光宗：《共同发力，积极应对人口老龄化——2016 年"全国十大老龄新闻"解读》，《中国社会工作》2017 年第 2 期，第 8~9 页。

的开发。也就是说，在积极应对人口老龄化的进程中，老年人的积极性、主观能动性被忽略了。因此，如何将老年人所蕴藏的资源转化为应对老龄化挑战的力量，就成为政府在积极应对老龄化过程中进行理念创新和老龄社会政策设计面临的新课题。

习近平总书记在主持中央政治局就中国人口老龄化的形势和对策举行的第三十二次集体学习时强调，"努力挖掘人口老龄化给国家发展带来的活力和机遇……要积极看待老龄社会，积极看待老年人和老年生活，老年是人的生命的重要阶段，是仍然可以有作为、有进步、有快乐的重要人生阶段。有效应对人口老龄化，不仅能提高老年人生活和生命质量、维护老年人尊严和权利，而且能促进经济发展、增进社会和谐"。这些观点反映出国家应对人口老龄化的高层共识和远见卓识。强调"老"的价值，从"养"到"用"，折射出积极老龄化在积极应对人口老龄化中的地位和作用逐步受到重视。

积极老龄化重视老年人自身的价值诉求，试图从老年人自身的角度来认识老龄化内在的积极力量。2002 年，世界卫生组织在《积极老龄化政策框架》报告中指出："积极老龄化是人到老年时，为了提高生活质量，使健康、参与和保障的机会尽可能发挥最大效益的过程。积极老龄化容许人们在一生中能够发挥自己的物质、社会和精神方面的潜力，按照自己的需要、愿望和能力参与社会，在需要帮助时，获得充分的保护、安全和照料。"可见，积极老龄化的政策框架是建立在"尊重""权利"基础之上，把社会保护与社会参与结合起来，通过赋予老年人参与公共事务和社会发展的权利，重新解释了老龄化的含义，并把对老年福利的理解从社会保护上升到参与社会、自我发展和自我实现的需要，使老年福利建立在可持续和保持与社会的密切联系基础上。① 它不仅承认老年人具有的积极品

---

① 　钱宁：《积极老龄化福利政策视角下的老年志愿服务》，《探索》2015 年第 5 期，第 135 ～ 139 页。

质，并将其转化为社会发展动力，而且是应对老龄化、保证社会经济协调发展的重要策略。

联合国《2002 年马德里老龄问题国际行动计划》把"独立、参与、照顾、自我实现、尊严"确立为 21 世纪老龄问题行动计划的基本原则，把"老年人与发展"列为三个优先行动方向的首位，老年人社会参与被正式纳入"积极老龄化"发展战略，成为应对 21 世纪人口老龄化的政策框架。

同时，中国政府对老年人社会参与也越来越重视。《老年法》第六十八条规定，"根据社会需要和可能，鼓励老年人在自愿和量力的情况下，从事下列活动：（一）对青少年和儿童进行社会主义、爱国主义、集体主义教育和艰苦奋斗等优良传统教育；（二）传授文化和科技知识；（三）提供咨询服务；（四）依法参与科技开发和应用；（五）依法从事经营和生产活动；（六）参加志愿服务、兴办社会公益事业；（七）参与维护社会治安、协助调解民间纠纷；（八）参加其他社会活动"。

与 1996 年版《老年法》相比，2013 年版《老年法》在"参与社会发展"部分有两处修订非常醒目：一处是取消了"应当"二字，并把"国家应当为老年人参与社会主义物质文明和精神文明建设创造条件"修改为"国家为老年人参与社会发展创造条件"；另一处是增加了"保障"，即"保障老年人参与经济、政治、文化和社会生活"。这一减一增充分说明中国已经将参与社会活动视作老年人的基本权利。老年人参与社会发展，不单是老年人的事，也是全社会的共同责任。

参加志愿服务活动是老年人社会参与的重要渠道和体现，承载着积极老龄化丰富的内涵、目标和行动。其积极意义和重要价值逐步受到党和政府的高度重视。在 2013 年版《老年法》中，专门在参与社会发展的内容中增加了"参加志愿服务"的内容，这是中国首次在涉老政策法规中明确参加志愿服务活动是老年人社会参与的内容之一。2017 年国务院印发的《"十三五"国家老龄事业发展和养老体系建设规划》在"扩大老年人社会参与"一章中专门将"发展老年志愿服务"单列一节。这充分反映出老年人参与志愿服务活动这一形式在实践中所体现出的重大意义被国家所认可，并总结其经验和加以实践推广。

在实践层面，各有关部门近年来也一直在努力通过优化参与环境、搭建参与平台、拓展参与途径等措施，动员引导老年人广泛参与社会发展，并且取得了一些实实在在的成绩。

近年来，老年人参与志愿者活动蔚然成风，无论是自由志愿者还是参加有组织的志愿服务活动的志愿者均活跃于社会各个领域，参与志愿者活动的人数越来越多。这一状况得益于志愿服务精神和理念逐步深入人心，也与国家相关部门的动员、组织和推动密不可分。民政部积极发展面向老年人群体的民办社会工作服务机构，并依托城乡社区综合性服务设施和社会服务机构广泛设立志愿服务站点。民政部、全国老龄办积极搭建志愿服务平台，指导各地开展互助养老试点，上海市推行了"老伙伴"计划，已覆盖 10 万受助老人和 2 万老年志愿者。全国老龄办等部门进一步加强和规范基层老年协会建设，强化老年协会自我管理、自我教育、自我服务，在调解邻里纠纷、参与公益服务等方面发挥积极作用。截至 2015 年底，全国基层老年协会已发展到 55.4 万个，城乡社区覆盖率达到 81.9%，老年志愿者达到 2000 万人，占老年人口总数的 10%。①

老年志愿服务活动已经成为社会上的一道独特而亮丽的风景线，尤其是社区已然成为孵化老年志愿服务队伍的摇篮。在网络上随意搜索"老年志愿者"，各地的信息扑面而来，昭示着老龄社会新的治

---

① 刘文学：《社会参与是"积极老龄化"的精髓和核心》，《中国人大》2016 年第 18 期，第 32 页。

理力量和基础正在形成。

- "老年志愿服务队让余热温暖他人";
- "大荆镇：老年志愿服务队护河在行动";
- "双龙社区老年志愿服务队帮助别人快乐自己";
- "长胜村成立老年志愿服务队退休老人义务做'陪聊师'";
- "和平社区老年人协会组织义工日活动"
- "太原市《关于加强养老服务志愿者队伍建设的实施方案》鼓励'以老扶老'";
- "社区里的'最美夕阳红'：老年志愿者发挥余热";
- "构建社区新风范，'九久夕阳红中老年志愿者服务队'正式成立了";
- ……

在此背景下，对中国老年人参与志愿者活动这一现象进行理论与实践探索，促进积极老龄化理论体系的延伸与拓展，推进老年人社会参与理论内涵的充实与发展，形成对老年志愿者活动这一参与模式的价值判断与本土建构，对推动科学制定老龄政策以及积极应对人口老龄化具有重要的理论意义和实践指导价值。

本书采用质性研究方法，从宏观层面把握中国老年人参与志愿者活动的基本态势，从微观层面探究老年人参与志愿者活动这一参与形式的价值效应、特征和适应性机制，并在此基础上深入洞察老年人参与志愿者活动与积极老龄化的关系。

本书主要内容体现在以下四个方面。

第一，构建理论框架。在明确研究主旨的基础上，建构研究的理论框架，这是本研究顺利展开的先决条件。本研究以活动理论、角色理论和积极老龄化理念为基础，构建倒"品"字形理论框架，意欲通过活动理论和角色理论来解释老年人参与志愿者活动这一行为所蕴含和体现的积极意义，以此推动积极老龄化的实现。

第二，通过梳理分析文献资料，从宏观层面概括目前中国老年人参与志愿者活动的状况和类型，并进一步探析老年志愿者活动在中国的发展趋势。

第三，运用质性研究方法，从微观层面探究老年人参与志愿者活动的动机、所产生的价值（包括对志愿者本身的价值和社会效益），以及老年人参与志愿者活动的制约因素。深入挖掘志愿者活动本身的内涵，即志愿者活动所承载的老年人社会参与的价值、途径和方向，以及对积极老龄化的建构。

第四，呼应主题。从参与、健康、保障三个方面说明老年人参与志愿者活动是实现积极老龄化的有效途径之一，这也是本研究的深化和结论。通过介绍美国、英国、日本、新加坡和中国香港地区的老年志愿者活动，总结这些国家和地区的成功经验，并提出中国推进老年志愿者活动建设的具体建议。

通过对宏观和微观两个层面的探讨，本书对中国老年人参与志愿者活动的情况得出以下四点认识。

第一，从参与规模到组织形式，中国老年志愿者队伍呈快速发展之势，已经成为一支不可忽视的社会力量。基于多方面因素的影响和促进，志愿服务已成为中国老年人社会参与的主渠道。

第二，中国老年人参与志愿者活动的特征体现为：①发展阶段的过渡性，②实现价值的精神心理性，③运作模式的政府主导性，④参与动机的"回报党恩"与"党性"情结。

第三，"银龄行动"和社区志愿者活动是中国目前影响较大的老年志愿者活动参与平台，奥运志愿者活动对中国老年人志愿性参与行为产生了深远影响。"银龄行动"满足了老年人才参与的需要，初步形成了老年人才参与志愿者活动机制的创新性思路；奥运志愿服务满足了一般老年人社会参与的需要，形成了一般老年人参与志愿服务的运行机制；社区志愿者活动促进了老年人实现自身参与和利益需求的满足，形成了不同层次老年人日常性参与的运行机制。

第四，中国老年人参与志愿者活动是一种文化现象。这种文化现象形成了中国老年人参与志愿者活动的特点和文化制约。具体表现有：①强调健身娱乐和便民服务而较少涉及参政、构建组织等，②热衷于参与政府主导的活动，③参与志愿者活动的最大障碍来自家庭和自身。

根据以上认识，本书得出"老年人参与志愿者活动是积极老龄化的重要实现途径"的结论，具体包括以下几个方面。

第一，志愿者活动的广泛开展拓展了老年人参与社会的广度和深度，使老年人参与社会真正从口号走向现实。

第二，参与志愿者活动提高了老年人个体和群体的健康水平。具体表现在志愿者活动的参与提升了老年人的主观幸福感，自评健康状况也得到积极改善。

第三，老年人参与志愿者活动提升了社会和老年人自身的保障能力和水平。主要体现在一是积极养老观的培育和实践所形成的硬实力，二是通过广泛的社会参与促进社会资本形成所积淀的软实力。

本书的创新之处在于以下几点。

第一，系统研究中国老年志愿者活动，弥补了相关研究的不足。本书通过对老年志愿者活动主体的调查分析，系统总结归纳出老年志愿者活动的基本特点、主要范畴、价值效应及影响因素等；同时，将志愿者活动纳入积极老龄化实践框架，也从理论上演绎了老年志愿者活动的实践功能与理论价值。

第二，全面总结中国老年志愿者活动的特点和机制。中国以往的相关研究极少，而仅有的研究稍显浅显或内容零散。本书通过宏观把握中国老年志愿者活动的类型、现状和发展趋势，微观探究老年人参与志愿者活动本质特征，总结出中国老年志愿者活动与中国传统文化、社会经济发展、人口结构变动等相适应的中国特色，以引导老年志愿者活动的广泛开展和促进其价值效应的显现和提升。

第三，提出了推进中国老年志愿者活动开展的对策建议。到目前为止，对于如何开展和完善老年志愿服务工作，中国还没有相关政策体现，老龄政策体系中对于老年人参与志愿者活动的支持还比较薄弱，而且已有研究也没有系统的政策建议。本书在对中国老年人参与志愿者活动情况进行全面把握的基础上，考察中国现有老龄政策的不足并借鉴国内外的经验，提出了推动中国老年志愿者活动开展的对策建议，对完善中国老龄政策体系和推动老年志愿服务事业的发展具有重要意义。

本书是探索性研究，尽管从多个角度对老年人参与志愿者活动这一行为和方式进行了分析，但也仅属初步成果，仍有许多不完善之处，不少问题以及不同维向还需要做更深入的研究。囿于自己的学识和阅历，书中难免有错误和不妥之处，敬请专家学者和读者不吝赐教！

目 录

CONTENTS

第一章

绪　论

第一节　研究背景及意义

一　研究背景

人口老龄化的机遇与挑战并存。但是，习惯上人们更关注和强调"挑战"，对"机遇"则缺乏认识或视而不见。这种局面的形成源于中国目前在人口老龄化问题上存在的两大误区：一是角色定位误区。只将老年人看作被关怀、被照顾的对象，却忽视了老年人群体的能动性、积极性和创造性。二是需求定位误区。只将老年人的需求看作一个老有所养的问题，以为解决了老有所养的问题就等于解决了老年人的问题。[①] 如果固守这一观念去制定政策和执行项目就不能反映真实情况。一方面，老龄化的挑战被无限放大，形成"困境"甚至"危机"；另一方面，忽视日益庞大的老年人口群体在应对老龄化挑战中的积极作用，屏蔽了"机遇"的形成，人口老龄化的正面效应难以呈现。

积极老龄化正是基于对老年人的充分认可之上提出的。联合国

---

① 穆光宗：《老年发展论——21 世纪成功老龄化战略的基本框架》，《人口研究》2002 年第 6 期，第 29～37 页。

第二届世界老龄大会在通过的《政治宣言》中指出："老年人的潜力是未来发展的强有力的基础。社会依靠老年人的技能、经验和智慧，不但首先改善他们自己的条件，而且还能积极参与全社会条件的改善。"这一认识正是对老年人群体传统形象的颠覆。老年人既是财富，又是可持续发展的资源的观点，获得了国际社会的普遍认同。因此，"老年人是应对人口老龄化挑战的动力"应是积极老龄化传递的核心思想。正因为如此，积极老龄化体现了一个比健康老龄化更为广泛的概念，它强调了老年人不是社会的负担，不是一个仅仅被动接受照顾和帮助的群体。在某种程度上，积极老龄化鼓励老年人积极主动地参与社会，这对于老年人自身价值的实现和对社会的贡献都有着积极意义。

老年人社会参与是创建"不分年龄、人人共享"社会的基本途径。在国际社会老龄化程度进一步加深的现实背景下，理论的丰富和发展直接推动了国际社会对老年人社会参与问题的关注。成功老龄化、生产性老龄化以及积极老龄化的提出就是相关理论观点在应对老龄化挑战战略安排中的具体体现。就中国而言，一方面，倡导老年人积极参与社会能够促进代际和谐，消除社会排斥，实现社会融合，是构建和谐社会的内在要求和本质体现。另一方面，参与社会活动能使老年人维持较好的精神状态，增进健康，从而减轻国家医疗和照料的负担；老年人参与社会经济发展，变单纯的消费群体为生产和消费统一体，对提升社会整体的福利水平是有益的。

参与志愿者活动为老年人提供了在践行积极老龄化战略中充分发挥潜力的舞台，为他们平等参与经济社会生活创造了一条有效途径。参与志愿者活动可以使他们积累了一生的才智在晚年仍能得到发挥，可以取得相应的社会地位和社会回报，从而满足自身精神需求；参与志愿者活动还让他们从退休养老的传统生活习惯中走出来，开创一种不断保持活力、保持年轻的生活方式，使人生价值得以充分体现，对生活更加充满希望。参与志愿者活动不仅激发了老年人参与社会、服务社会的热情，而且营造了更加尊重老年人群体的社会氛围，提高了老年人群体的地位和价值。可见，在这个过程中，老年人群体既是社会的贡献者和参与者，也是社会发展成果的享受者。大力发展老年志愿服务事业是构筑共融、共建、共享社会的重要而有效的途径。这既是对老年人价值的认可，又是对老年人体现其价值的期待和展望。

老年人参与志愿者活动承载了积极老龄化丰富的内涵、目标和行动。尽管中国老年人参与志愿者活动的态势已初步形成，但鲜有研究给予关注，老年人参与志愿者活动这一模式还未纳入积极老龄化政策规划的视线。因此，本书欲对此问题进行探索性研究，以积极老龄化实现途径为目标，探讨老年人参与志愿者活动与积极老龄化的关系。

二 研究意义

（一）理论意义

第一，促进积极老龄化理论体系的延伸与拓展。积极老龄化是国际社会应对人口老龄化挑战的战略选择，也是老龄社会发展的终极目标。积极老龄化所强调的健康、参与和保障这三大要素共同构筑起一个宏大的理论体系，涵盖健康老龄化、成功老龄化等不同老龄化应对策略的思想理念。值得注意的是，虽然积极老龄化观点的提出是近十年人口老龄化问题的重大理论认识，但如何在社会生活情景中体现积极老龄化的价值理念与实践精神，如何在中国这一发展中的老龄人口大国实现积极老龄化的终极目标，需要理论结合实践进行系统化研究。本书从积极老龄化的核心概念出发，结合国际社会积极老龄化的有益经验以及中国老龄社会的具体国情，将老年志愿者活动作为老年人发挥主观能动性以及实现积极老龄化的重要载体加以研究，可拓展积极老龄化的理论界域，促进符合中国实际的积极老龄化理论的延伸与发展。

第二，推进老年人社会参与理论内涵的充实与发展。作为积极老龄化理论的核心概念之一，社会参与可以定义为中观层面的理论。也就是说，社会参与理论属于一种中层理论性质的理论体系，作为中介或桥梁，将积极老龄化宏大理论与微观层面的老龄活动衔接起来。本研究形式上是分析老年志愿者活动问题，内容上则是研究老年人社会参与问题。积极老龄化理论强调老年人社会参与的社会意义及其重要价值，社会参与则反映了老年人对晚年生活的适应程度及其生活质量状况。本研究以老年志愿者活动为题对老年人社会参与问题展开研究，可以充实和发展老年人社会参与的理论内涵。

第三，丰富老年学学科的内涵。老年人社会参与问题是老年学的重要内容，它涉及人类个体老龄化、群体老龄化，既体现人口老龄化问题的人道主义方面，也体现其发展方面，既是观念也是实体。对老年人社会参与问题进行研究既能丰富老年学内容，也能够使老年学的许多内容在社会参与的框架中得到整合，有利于理论创新和发展。

第四，开展老年志愿者活动理论的价值判断与本土建构。老年志愿者活动是老年人社会参与的一种重要表现形式。国际社会对老年志愿者活动的理论探讨已经深入老年人的物质文化生活的多维领域，但国内对老年志愿者活动及其理论认识尚处于萌芽阶段。本研究通过对国外老年志愿者活动的理论移植，对中国老年志愿者活动进行理论思考与价值判断，将老年志愿者活动置于中国特有的社会经济文化历史背景下，建构本土化的中国老年志愿者活动理论。这种研究思路及研究成果对于指导中国开展"老有所为"活动具有重要的理论指导价值。

（二）实践意义

第一，塑造一个"老年人是社会的积极参与者和贡献者"的新观念。老年人参与志愿者活动所体现的广泛而深远的价值和意义，意味着老年人不仅不是社会的负担，而且是重要的社会资本；参与志愿者活动不仅能减轻社会和家庭对"老有所养"的负担，而且能继续为社会做出贡献。这种双重作用，应是人口老龄化过程中所追求的。这些价值的体现、传播和扩散，会对人们的传统老年观带来巨大冲击，从而导致人们对老年人和老年人问题的重新认识，进而形成"老年人是社会的积极参与者和贡献者"的现代老年观。本研究就是通过对老年人参与志愿者活动的研究，探讨并构建这一价值体系，以期塑造社会看待老年人的新观念。

第二，构建一种老年人参与社会的新模式。积极老龄化不仅是一个目标，更是一个战略。积极老龄化的要旨适合中国现实情况，因为它综合考虑了在老龄化过程中社会、经济、文化等各种影响因素，用积极的方式来考察老龄化带给我们的机遇。

如何践行和实现积极老龄化，国家和地区因老龄化程度和人们的认识水平不同而表现各异。积极老龄化包含着三大要素：健康、参与和保障。其中最具现代和积极意义的是参与。可以说，健康和保障都离不开参与。老年人要参与到经济、社会发展中来，要仍然和整个社会紧密联系在一起，和其他社会群体融合在一起，这是建立"不分年龄、人人共享"社会的基本内容。但是，一直以来，我们对"参与"的理解趋于两极，或者强调老年人的休闲娱乐，或者强调老年人有薪劳动。休闲娱乐是对老年人精神文化需求的满足，有薪劳动则是老年人追求自我价值的满足。两者互为补充，但在现实中却被分离开来。

参与志愿者活动是上述两种活动的一种融合形式。参与志愿者活动既能满足老年人的精神心理需求、丰富晚年生活，又能体现老年人的社会价值，还能丰富社会资源、贡献社会，同时还有利于建立老年人积极而正面的形象。1996 年 8 月 29 日第八届全国人民代表大会常务委员会第二十一次会议通过的《老年法》中提出的有关老年人参与社会发展的内容①是以志愿者活动为主的，在 2013 年新修订的《老年法》中还专门提到了"参加志愿服务"。这在一定程度上反映了老年人参与志愿者活动的法律地位及其重要性。

本研究在整合中国老年人社会参与活动的基础上，建立以"志愿者活动"为平台的社会参与模式。通过这个有形的、具有操作性的平台，可以推动老年人有效参与社会。

（三）政策意义

老年志愿者活动作为中国老年人社会参与的一种主要形式，已经显现出积极效应。当前，《老年法》中明确了志愿服务活动是老年人参与社会发展的一种形式，在《"十三五"国家老龄事业发展和养老体系建设规划》中也专门提及，但是对于如何开展和完善老年志愿服务工作，中国政府还没有相关的制度体系和工作机制，可以说，在积极应对人口老龄化的行动中，老年人参与志愿者活动还是政策弱点。本研究欲在对中国老年人参与志愿者活动情况进行全面把握的基础上，考察中国现有老龄政策的不足并借鉴国内外的经验，构建推动中国老年志愿者活动平台建设的政策体系，对完善中国老龄政策体系和推动老年志愿服务事业的发展具有重要意义。

---

① 《中华人民共和国老年人权益保障法》（1996 年版）第四十一条规定，"根据社会需要和可能，鼓励老年人在自愿和量力的情况下，从事下列活动：（一）对青少年和儿童进行社会主义、爱国主义、集体主义教育和艰苦奋斗等优良传统教育；（二）传授文化和科技知识；（三）提供咨询服务；（四）依法参与科技开发和应用；（五）依法从事经营和生产活动；（六）兴办社会公益事业；（七）参与维护社会治安、协助调解民间纠纷；（八）参加其他社会活动"。

第二节　研究设计

一　核心概念的界定

（一）志愿者

所谓"志愿者"，英文为"volunteer"，这一单词来源于拉丁语的"volā"，原意指的是志愿兵，其后多指自发地从事义务工作的人。

在西方，较为普遍的观点是，志愿者是在职业之外，不受私人利益的驱使、不受法律的强制，为改进社会、提供福利而付出努力的人们。

联合国前秘书长科菲·安南（Kofi A. Annan）指出，志愿者是在不为物质报酬的情况下，基于道义、信念、良知、同情心和责任，为改进社会而提供服务，贡献个人的时间及精力的人和人群。

在中国 2006 年颁行的《中国注册志愿者管理办法》中，将志愿者定义为：不以物质报酬为目的，利用自己的时间、技能等资源，自愿为社会和他人提供服务和帮助的人。

在中国香港地区，志愿者被称为"义工"，志愿者行动叫作"义务工作"。香港义务工作发展局则将"义工"定义为：在不为任何物质报酬的情况下，为改进社会而提供服务，贡献个人时间及精力的人。

中国台湾地区称志愿者为"志工"，2001 年台湾地区颁订的《志愿服务法》定义志愿服务为：民众出于自由意志，非基于个人义务或法律责任，秉诚心以知识、体能、劳力、经验、技能和时间等贡献社会，不以获取报酬为目的，以提高公共事务效能及增进社会公益所从事的各项辅助性服务；而所谓志愿者即对社会提供志愿服务者。

事实上，由于文化背景及界定视角的差异，不同国家和地区对志愿者有着不同的称谓，对其概念也有着不尽相同的表述。尽管如此，在这些各异的界定之间，仍然可以看到它们的共性之处，这便是志愿者的基本特征：①自愿性，志愿者是出于自愿而非被强迫地参加行动，其不受外界诸多因素的干扰；②不以获取物质报酬为目的；③贡献自身资源，为他人服务；④面向他人或社会。

概而言之，志愿者是在奉献精神和道德认知的情感驱动下，为推动社会进步而从事社会公益和社会服务事业的人。因此全世界的志愿者不分国家、种族、宗教、身份、职业、性别、年龄等都能在奉献的旗帜下集合起来，为人类造福。

（二）老年志愿者

老年志愿者作为志愿者之中的一个特殊群体，同样体现出志愿者的基本特征。只是作为专门概念，需要在年龄上加以界定。

本研究关于老年人的年龄界定，参考中国《老年法》的规定，把60周岁及以上的公民称为老年人。因此，老年志愿者就是年龄在60周岁及以上的志愿者。本书的研究范围确定在城市，因此研究对象仅指城市老年志愿者。

（三）老年志愿者活动

何谓"活动"？《现代汉语词典》中有三类解释：①运动，②有目的的行动，③一种状态。

本研究的老年志愿者活动，即指有目的的行动。简言之，老年志愿者活动就是老年志愿者所参与或从事的志愿服务活动，其行为符合志愿者所具有的基本特征。

对于老年志愿者活动，一方面，专门的正式的组织还没有形成，而以老年人为主体的社区志愿组织的发展和工作的开展仍处于摸索阶段；另一方面，老年人个体自觉进行的、具有志愿者性质的服务活动却非常广泛而深入，在充实自身生活和体现社会价值方面发挥着积极作用。因此，本研究将老年志愿者活动分为正式的和非正式的两类。

正式志愿者活动通过组织实施，在时间和活动的安排上更有条理。非正式志愿者活动是指个体根据自身的条件和兴趣自主开展的活动，如为邻居提供帮助、维护环境卫生等，但并非作为有组织的群体的一部分。

（四）老年志愿者活动的功能

"功能"即事物或方法所发挥的有利的作用或效能。志愿者活动的功能就是指志愿者活动所产生的效果和作用。老年志愿者活动的功能有两类：一是对自身的作用，二是对社会和他人的作用。对自身的作用具体体现在以下几个方面：①老年人走出家门参与志愿服务活动，有利于加大身体的活动量，促进老年人的身体健康；②使老年人与社会保持接触，有活跃的社交生活，保持开朗的心境，减少其社会疏离感；③通过参与志愿者活动，促进老年人的社会参与，服务他人，回馈社会，满足老年人的尊重需要；④提升和增加老年人的能力感和发挥能力的机会，让他们自己思考和决定自己的事情，继而提升自信心、实现自我价值。

对社会和他人的作用既有直接的，也有间接的。直接作用就是提供服务、满足需求；间接作用就是在提供服务、满足需求的过程中推动社会进步与发展。

老年志愿者活动的功能具体通过两种形式实现：一种是提供具体的服务，如维持治安、保持环境卫生、助老扶幼等；另一种是参与对社会软环境的培育。具体表现在以下三个方面:[①] 第一,倡导。就是发现那些被忽视了的问题,将其扩散到更广的公众范围,引起他们的关注并汇集各方力量去解决这些问题。第二,文化建设。例如为艺术、娱乐等活动提供载体,建立交响乐团、足球俱乐部、读书俱乐部、行业协会等,丰富社区生活。第三,参与社群建设,创造社会资本。萨拉蒙的研究表明,在发达国家中49%的志愿者活动集中在这个领域,表现最明显的是志愿者在文化和娱乐活动中所起的作用,这占所有志愿者工作时间的19%。[②]

强调两种功能能够提升国家和社会各界对老年志愿者活动的重视程度,从而为老年志愿者活动的广泛开展创造支持性环境,而且有利于激发老年人的参与意识。强调老年志愿者活动功能的两种表现形式有利于拓展老年人参与社会的广度和深度。

二 数据与方法

(一) 资料来源

为从宏观层面了解中国老年志愿者活动的基本情况,本研究采用2000年中国城乡老年人口状况一次性抽样调查、2006年中国城乡老年人口状况追踪调查、2004年厦门市老年人参加志愿者活动状况及参与意识调查、2005年北京市老年人精神文化生活现状调查这四次调查里的相关调查数据。除厦门市的调查外,其他调查并非针对老年志愿者活动所进行的专项调查,所设有关老年志愿者活动的问题非常少。由于对老年志愿者缺乏基本的认知,还没有形成"老年志愿者"或"老年志愿者活动"这样的整体概念,调查问卷的

---

① 孙宝云、孙广厦:《志愿行为的主体、动机和发生机制——兼论国内对志愿者运动的误读》,《探索》2007年第6期,第118~121页。

② 〔法〕托克维尔:《论美国的民主》(下卷),董果良译,商务印书馆,1997,第24~27页。

相关问题设置差异很大，而且即便是相同的问题，选项设置也不尽相同，这就为对比分析和深入研究带来了难度。尽管如此，通过对这些调查数据的分析，还是可以获得对中国老年志愿者活动的一般性认识。

（二）研究方法

本研究主要采用质性研究方法，具体涉及质性研究方法中的理论推导、理论归纳和个案分析法。

本研究以老年人参与志愿者活动与积极老龄化之关系为架构，重点探讨老年人参与志愿者活动的主观经验或认知过程以及由此产生的价值效应。因此，研究是以了解事实为首要目标，使民众和决策者更真实地了解老年人参与志愿者活动的情况，以达到推进老年人广泛参与志愿者活动，进而实现积极老龄化的目的。为达到重在了解、避免预设立场的研究目的，本研究主要采用通过深度访谈获取资料进行个案分析的质性研究方法。

本研究也通过对文献资料的分析从宏观上把握中国老年人参与志愿者活动的基本情况。作为探索性研究，本研究运用文献资料可以为了解有关问题和研究对象的历史和现状提供有效帮助，形成对有关问题和研究对象的某种一般性的整体印象；帮助了解研究对象的来龙去脉，获得现实研究的比较资料。本研究的文献来源包括网络以及其他传播媒介的报道、政府相关部门的政策文件以及一些利用官方和半官方的统计资料所做的研究文献。

三 研究目的、内容及框架

（一）研究目的

进入老年期后，伴随着丧失事件的发生，老年人易产生失落感和孤独感，这是影响老年人身体健康的主要因素。因此，老年人面临生活适应的问题。另外，忽视老年人力资源的开发和运用，使老龄化的挑战更为复杂，同时也阻碍了老年人适应能力和途径的发展。

积极老龄化反映了老龄化进程中的上述客观形势和要求，构建了以"健康、参与、保障"为要素的政策框架，强调了"发展的潜力在于老年人口参与社会"的核心价值观和政策着力点。老年人要积极面对老年生活，不仅要保持身心健康状态，而且作为家庭和社会的重要资源，要融入社会，参与社会发展。① 老年人只有融入社会，才能获得发展，拥有健康和保障，才能具备较高的生活质量和生命质量，才能保持自身的尊严和价值。

老年人参与志愿者活动承载了积极老龄化丰富的内涵、目标和行动。尽管中国老年人参与志愿者活动的态势已初步形成，但鲜有研究给予应有的关注，因而，老年人参与志愿者活动这一模式还未纳入积极老龄化政策规划的视野。无疑，本研究属于探索性研究。其目的在于通过对中国老年人参与志愿者活动进行系统研究，重点探讨这一参与形式的价值效应、特征和适应性机制，以及在此基础上深入洞察老年人参与志愿者活动与积极老龄化的关系，促进社会对老年人社会参与的认知以及老年人以志愿者身份参与社会活动观念的形成。同时，以相关研究结论为老年人参加社会活动以及相关部门推动老年志愿者活动开展提供重要参考，亦是本研究的目的所在。

具体而言，第一，在理论上阐明积极老龄化与老年志愿者活动的关系；第二，在实践上总结中国老年志愿者活动的状况、特点、

---

① 董之鹰：《21 世纪的社会老年学学科走向》，《社会科学管理与评论》2004 年第 1 期，第 69 ~ 71 页。

功能和存在的问题；第三，在政策上提出推进中国老年志愿者活动的对策建议。

（二）研究内容和研究框架

基于上述目的，本书的主要内容围绕以下四个方面展开。

第一，构建理论框架。在明确研究主旨的基础上，建构研究的理论框架，这是本研究顺利展开的先决要素。本研究以活动理论、角色理论和积极老龄化理念为基础，构建倒"品"字形理论框架，意欲通过活动理论和角色理论来解释老年人参与志愿者活动这一行为所蕴含和体现的积极意义，以此达成积极老龄化的实现。

第二，通过梳理分析文献资料，从宏观层面概括目前中国老年人参与志愿者活动的状况和类型，并进一步探析老年志愿者活动在中国的发展趋势。

第三，运用质性研究方法，从微观层面探究老年人参与志愿者活动的动机、所产生的价值（包括对志愿者本身的价值和社会效益）以及老年人参与志愿者活动的制约因素。深入挖掘志愿者活动本身的内涵，即志愿者活动所承载的老年人社会参与的价值、途径和方向，以及对积极老龄化的建构。

第四，从健康、参与、保障三个方面说明老年人参与志愿者活动是实现积极老龄化的有效途径之一，这也是本研究的深化和结论。通过介绍美国、英国、日本、新加坡和中国香港地区的老年服务活动，总结这些国家和地区的成功经验，并提出中国推进老年志愿者活动建设的具体建议。

本书的研究框架如图 1-1 所示。

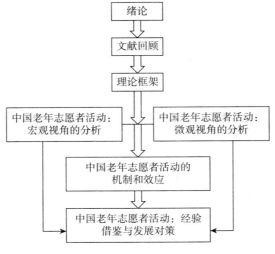

图 1-1　研究框架

在进行具体研究之前，首先要对现有理论成果进行梳理，从而发现新的研究视角和新的问题。本章分两个部分综述并评价国内外相关研究成果：一是有关积极老龄化的研究，二是有关老年志愿者的研究。

第一节 有关积极老龄化的研究

积极老龄化最早由世界卫生组织于1996年作为"工作目标"提出，2002年在经过来自21个国家的29名代表讨论修订后，为联合国第二届世界老龄大会接受并写进《政治宣言》，成为应对21世纪人口老龄化的政策框架。至此，积极老龄化就成为国际社会应对人口老龄化挑战的重要战略选择。积极老龄化战略也得到国内外学界的普遍认同，他们从积极老龄化概念、功能，以及积极老龄化与参与的关系等方面进行了系列研究。

一 积极老龄化的概念及功能

（一）积极老龄化的概念

世界卫生组织在《积极老龄化政策框架》中指出，积极老龄化是指在年老时为了提高生活质量，在健康、参与和保障等方面尽可能获得最佳机会的过程。这一概念明确了积极老龄化的三大要素，即健康、参与和保障。

也有学者在世界卫生组织提出的概念框架下，强调积极老龄化的老年人力资源开发功能，即"积极老龄化"是指老年人群体和老年人自身在整个生命周期中，不仅在肌体、社会、心理方面保持良好的状态，而且要积极地面对晚年生活，作为家庭和社会的重要资源，为了提高生活质量，使健康、参与和保障的机会尽可能发挥最大效益，继续为社会做出有益贡献的过程。[①]

美国国家积极老龄化委员会（ICAA）将"积极老龄化"定义为：终身参与（engaged in life）。通过终身参与实现人类生活的多维健康，包括情感、职业、身体、精神、智力以及社会等维度。[②]

有学者从不同角度诠释"积极老龄化"概念，认为"积极"强调的是一种精神状态，拥有积极的人生态度能带来更长寿、更健康和更快乐的生活，积极进取的思想有助于保持身体健康。假使疾病在身，积极健康的思想也能帮助老年人应对衰弱的身体。[③]"积极"强调的是一种生活方式，正如格根夫妇所指出的，老年阶段没有必要因为不再年轻而充满绝望，它可以是美丽的。我们强调积极生活并不意味着追求财富、强壮与健康，而是完全地把握自己，甚至对于那些看起来残疾或生病的人也是这样。[④]

---

① 董之鹰：《21世纪的社会老年学学科走向》，《社会科学管理与评论》2004年第1期，第69~71页。

② Miler C., "Changing the Way We Age Through Active Aging," *Fitness Business Pro* 12 (2006): 25.

③ 王育忠：《关于健康老龄化与积极老龄化的思考》，载福建省老年学会主编《积极老龄化研究》，华龄出版社，2007，第138~143页。

④ Gergen M., and Gergen K. J., "Positive Aging," in J. F. Gubriun et al., eds., *Ways of Aging* (Oxford: Blackwell Publishing, 1998), p.206.

（二）积极老龄化的功能

研究显示，积极老龄化有四种功能。

第一，保障老年人权利的实现。积极老龄化是以承认老年人的人权和联合国关于独立、参与、尊严、照料和自我实现的原则为基础的。它把一个战略计划从"以需要为基础"转变为"以权利为基础"，承认人们在增龄过程中，在生活的各个方面，都享有机会均等的权利。人们在一生中能够发挥自己在物质、精神和社会方面的潜力，按照自己的需要、愿望和能力参与社会，在需要帮助时，能获得充分的保护和照料。[①] 这一观点表达了对老年人权利的承认和对其独立、尊严的尊重。

第二，改变人们对老龄化和老年人的错误认识。积极老龄化导致人类老龄观的两大变革。一是人口老龄化是社会的重大成就，老年型社会象征着人类社会的成熟，在人口日趋老龄化的过程中，社会经济的发展也日新月异，人口老龄化可以与社会经济协调发展，老龄化的社会同样能够实现可持续发展。二是老年人口是社会的宝贵财富，是社会经济发展的资源。老年人群体绝不应该成为社会的问题和包袱，他们的经验、智慧是社会的宝贵财富。挖掘老年人的潜能，是建设未来美好社会的重要组成部分。积极老龄化有利于消除老年歧视主义的不利影响，使老年人生活更加舒适、更有尊严、更有价值，这是人类老龄观的重大变革。[②]

第三，应对人口老龄化的对策。推行积极老龄化意义深远，按照世界卫生组织的解释，一是处于高生产能力的生命阶段者极少早逝；二是在老年阶段因慢性病而致残者极少；三是越来越多的人进

[①] 世界卫生组织：《积极老龄化政策框架》，华龄出版社，2002，第11页。

[②] 郭爱妹、石盈：《"积极老龄化"：一种社会建构论观点》，《江海学刊》2006年第5期，第124～128页。

入老年后享有很好的生活质量；四是越来越多的人在老年时积极参与社会、文化、经济和政治方面的活动，以有报酬或无偿的方式在国内、家庭和社区发挥作用；五是与医疗及照料服务相关的费用下降。总之，在应对人口老龄化挑战上，积极老龄化是成本最低、成效最高且最经济的应对战略和政策。①

世界卫生组织认为："如果政府、国际组织和民间社团制定'积极老龄化'的政策和计划，促进老年人的健康、参与和保障，国家就能够应对老龄化的挑战。在所有国家，特别是发展中国家，帮助老年人保持健康和积极性是一种需要，而不是奢华。"实现积极老龄化的效益是使有技术、有经验的老年人继续参与工厂、学校、科研部门、社区、宗教机构，以及商业、卫生和政治机构的工作，把老龄化对社会经济的压力转化为促进可持续发展的动力。

第四，体现社会文明进步的价值观。积极老龄化战略实际上是文化发展战略，这一战略的实质是促进老年人的社会发展，使老年人融入社会，全方位参与社会活动并与社会和谐并存，共同进步。②积极老龄化的三大支撑要素（参与、健康、保障）所产生的社会价值是社会公正价值的基础。③

二 积极老龄化与参与的关系

关于积极老龄化与参与的关系的研究非常少，但是结论简洁而明确，即"参与"是积极老龄化的核心。积极老龄化包含三大要素：健康、参与和保障。参与的一头系着健康，另一头则系着保障，可

---

① 刘红尘：《"积极老龄化"应对银发浪潮》，人民网，http://society. people. com. cn/GB/6496493. html，2007 年 11 月 7 日。
② 穆光宗：《老年发展论——21 世纪成功老龄化战略的基本框架》，《人口研究》2002 年第 6 期，第 29～37 页。
③ 董之鹰：《老年社会角色转换价值的理论研究——构建 21 世纪老年人口价值观的思考》，载《第二届中国老年人才论坛论文集》，2006，第 54～63 页。

以说，健康和保障都离不开参与。①

格根夫妇提出了"参与"的更为广泛的含义，亦即积极老龄化运动的三大核心主题。①自我：注重在生理、心理及社会生活方式上的自我提高，创造与维持美好的外貌，扩展知识或自我意识，学习新技能或提高已获得的技能等，是老年人积极的日常生活的重要激发因素。②人际关系：注重维持与扩展社会关系网络。最常见的是以配偶与孩子为中心向其他家庭成员、邻居、朋友等关系网络的扩散。③社区参与：基于社区基础之上的生活方式扩展了原有的家庭、朋友网络，拓宽了老年人参与社会生活的范围。广泛的社区参与能给老年人带来自我效能感、自豪感以及成就感等。因此，格根认为，生理、心理及社会方式上的自我提高，社会关系网络的扩展，以及广泛的社区参与等都是积极老龄化的有效方式。② 这一观点提出了老年人社会参与的形式和内容及价值与意义，也明确了老年人社会参与所应具备的基础条件，即自我意识和独立性。

参与是积极老龄化的核心，也是实现积极老龄化的手段，更重要的是积极老龄化使人们有了按照自己的意愿和条件选择参与的权利。积极老龄化让人们认识到自己一生中在体力、社会以及精神方面的潜能，并按照自己的需求、愿望和能力参与到社会中。这一观点体现了在社会参与上，老年人与其他群体的权利同一性。

第二节　有关老年志愿者的研究

在发达国家，过去30多年关于老年人参与志愿者活动一直是学

---

① 董之鹰：《老年社会角色转换价值的理论研究——构建21世纪老年人口价值观的思考》，载《第二届中国老年人才论坛论文集》，2006，第41页。
② 郭爱妹、石盈：《"积极老龄化"：一种社会建构论观点》，《江海学刊》2006年第5期，第124~128页。

界和相关机构的研究热点，尤其是美国、澳大利亚以及一些欧洲国家，对这一问题进行了全面系统的研究，产生了极其丰富而成熟的研究成果。

在中国，目前"老年志愿者"仍然没有成为学术界的重要关注点，老龄问题研究中仅把老年志愿服务作为"老有所为"研究中存在的一个论证事实；社会参与研究中一般把老年人作为"较多参与主体"这个事实一笔带过，没有形成"老年志愿者"这一专有名词，因而也远未形成一个专门的研究领域。令人欣喜的是，开始有学者关注这一领域。中国大陆以及中国台湾、香港等地区对老年志愿者也有一些开拓性的研究成果。

着眼于本研究的主题，就国内外相关研究进行综合考察，大致评述如下。

一　老年人参与志愿者活动的价值效应

老年人参与志愿者活动的价值效应主要体现在两个方面，即个体价值和社会效益。在过去的 30 多年间，始于美国等发达国家和地区的相关研究层出不穷，研究表明，老年人参与志愿者活动不仅有利于个体健康状况的改善，也产生了积极的社会效益。

（一）对志愿者个体的价值体现

老年人参与志愿者活动对老年人个体的价值效应主要体现在提升老年人的健康水平上。在诸多相关研究中，老年人参与志愿者活动都被积极肯定和认可，国内外的研究提出了许多关于老年人参与志愿者活动对老年人健康有益的研究结论。

关于志愿服务与健康之间关系的研究证明，志愿服务的效益不仅限于志愿服务的接受方。① 事实上，根据研究，那些通过志愿者活动向他人提供帮助的人比那些接受帮助者体验了更多健康的好处。相关研究主要集中在以下五个方面。

第一，志愿者活动降低了参与群体的死亡率。例如一项大型的、多民族样本的老年人调查结果显示，接受社会支持和健康状况改善二者之间没有联系；然而，研究发现，向他人提供社会支持的人要比那些没有向他人提供支持的人的死亡率低，甚至在控制了社会经济状况、受教育程度、婚姻状况、年龄、性别和种族等变量的情况下，也是如此。②

一项对已婚老年人的纵向调查研究表明：在被调查的老年人中，报告曾给朋友、亲戚和邻居提供支持（帮助）的老年人，其五年后的死亡率比那些未曾向他人提供帮助的老年人低；而且，提供帮助与长寿的相关程度高于提供帮助与从他人处获得帮助的相关程度。③

第二，志愿者活动提高了老年人的生活满意度。为什么我们能

---

① Dulin P., and Hill R., "Relationships Between Altruistic Activity and Positive and Negative Affect among Low – Income Older Adult Service Providers," *Aging & Mental Health* 4 (2003): 294 – 299; Brown W. M., Consedine N. S., and Magai C., "Altruism Relates to Health in an Ethnically Diverse Sample of Older Adults," *Journals of Gerontology Series B: Psychological Sciences and Social Sciences* 3 (2005): 143 – 52; Brown S., Nesse R. M., Vonokur A. D., and Smith D. M., "Providing Social Support May be More Beneficial than Receiving it: Results from a Prospective Study of Mortality," *Psychological Science* 4 (2003): 320 – 327; Liang J., Krause N. M., and Bennett J. M., "Social Exchange and Well – Being: Is Giving Better than Receiving?" *Psychology and Aging* 3 (2001): 511 – 523; Morrow – Howell N., Hinterlong J., Rozario P. A., and Tang F., "Effects of Volunteering on the Well – Being of Older Adults," *The Journals of Gerontology Series B: Psychological Sciences and Social Sciences* 3 (2003): 137 – 145; Schwartz C., Meisenhelder J. B., Ma Y., and Reed G., "Altruistic Social Interest Behaviors Are Associated with Better Mental Health," *Psychosomatic Medicine* 5 (2003): 778 – 785.

② Brown W. M., Consedine N. S., and Magai C., "Altruism Relates to Health in an Ethnically Diverse Sample of Older Adults," *Journals of Gerontology Series B: Psychological Sciences and Social Sciences* 3 (2005): 143 – 52.

③ Brown S., Nesse R. M., Vonokur A. D., and Smith D. M., "Providing Social Support May be More Beneficial than Receiving It: Results from a Prospective Study of Mortality," *Psychological Science* 4 (2003): 320 – 327.

够发现志愿者活动和较长的更健康的生活二者之间的联系呢？原因在于志愿者活动对于诸如目的感等社会心理因素有积极的影响。积极的社会心理因素与较低的身体健康风险密切相关。志愿者活动可以增强一个人的社会网络以缓解压力并减少疾病风险。

志愿者活动、社会心理因素和社会网络之间的这种联系已经被"活动理论"和"角色理论"所揭示，这些理论认为，通过个体所拥有的许多社会角色来衡量的社会联系能够为其生命带来意义和目标，从而使其在困难时期免于孤立。志愿者活动也能够给参与者带来目的感和生活满意感。

关锐煊将香港"乐龄女童军"、老年中心会员和社区老年人进行对比研究，发现参与志愿服务的老年人的幸福指数和生活满意度都是最高的。①

一项对 65 岁及以上老年人的研究发现，志愿者活动对身体和心理健康的积极影响在于个体对于从志愿者活动中所获得成就的感受。②

志愿者活动能够带来目的感，正式的志愿者活动缓解了老年人由于诸如工作和配偶等主要角色逐渐丧失所引致的目的感丧失而产生的不适。③

一项研究发现，与继续从事有薪工作的老年人相比，退休后参与社区服务工作能获得更强的生活满意感。④

---

① 关锐煊：《香港"乐龄女童军"、老年中心会员和社区老人在社会幸福指标上的对比研究》，载冯贵山主编《迈向 21 世纪老龄问题国际研讨会论文集》，上海科学技术文献出版社，1998。

② Herzog A. R., Franks M. M., Markus H. R., and Holmberg D., "Activities and Well – Being in Older Age: Effects of Self – Concept and Educational Attainment," *Psychology and Aging* 2 (1998): 179 – 185.

③ Greenfield E. A., and Marks N. F., "Formal Volunteering as a Protective Factor for Older Adults' Psychological Well – Being," *The Journals of Gerontology Series B: Psychological Sciences and Social Sciences* 5 (2004): 258 – 264.

④ Harlow R., and Cantor N., "Still participating after all These Years: A Study of Life Task Participation in Later Life," *Journal of Personality and Social Psychology* 6 (1996): 1235 – 1249.

一项对"美国人改变生活"（ACL）数据的分析通过比较 1986 年不同个体志愿者活动的状态和 1986 年与 1994 年情绪低落程度的差异，探究了志愿者活动对"情绪低落"所产生的可能的影响。在控制了社会相互影响的其他形式之后，研究人员发现了志愿者活动与较低程度的情绪低落二者之间存在统计意义上的显著的、正向的相关关系。这种相关性只存在于 65 岁及以上人群，对于 65 岁以下人群而言，分析没有发现存在任何联系。

ACL 的纵向研究发现，在 60 岁及以上群体中，志愿者活动与较好的健康结果（包括较高的自评健康、较好的身体功能和较低的情绪低落程度等）之间存在正相关性。即使在控制了非正式社会融合、种族和性别等因素的情况下，这个相关性也依然存在。[①]

第三，老年志愿者比年轻志愿者从志愿者活动中所获得的健康好处要多。两项 ACL 的纵向数据分析表明了这一结论。

一项研究发现，老年人（60 岁及以上）参与志愿者活动能获得包括身体健康和心理健康在内的两方面好处，同样的相关性在中年志愿者中却没有发现。分析还发现，情绪低落对中年人参与志愿者活动是一个阻碍因素，对于老年人，却充当了催化剂，他们可以借此为角色的丧失和社会联系的削弱寻求补偿。[②]

另一项研究发现，一般而言，相较于非志愿者，志愿者表现出较高的生活满意感和较好的身体健康状况。同样的，与年轻志愿者相比，老年志愿者体验到了在生活满意感上的更大提高和自我感觉健康状态的明显改善。[③]

---

① Morrow – Howell N. , Hinterlong J. , Rozario P. A. , and Tang F. , "Effects of Volunteering on the Well – Being of Older Adults," *The Journals of Gerontology Series B: Psychological Sciences and Social Sciences* 3 (2003): 137 – 145.

② Li Y. , and Ferraro K. F. , "Volunteering in Middle and Later Life: Is Health a Benefit, Barrier or Both?" *Social Forces* 1 (2006): 497 – 519.

③ Willigen M. V. , "Differential Benefits of Volunteering Across the Life Course," *The Journals of Gerontology Series B: Psychological Sciences and Social Sciences* 5 (2000): 308 – 318.

第四，老年志愿者的健康水平明显高于老年非志愿者。身体健康和心理健康既是志愿者活动带来的好处，也是参与志愿者活动的一个障碍。证据显示，那些在较早阶段参与志愿者活动的人在晚年遭受不健康的可能较小，志愿者活动从而提供了未来最好的防止不健康的方法。例如，根据"老年人财产和健康之变动关系研究"（AHDAO）的纵向数据分析，2000 年时，相较于那些没有从事志愿活动的人们，在 1993 年至少提供志愿服务 100 小时的 70 岁以上的人们在自评健康、机能水平、情绪低落程度和死亡率等几项指标的表现较好。①

AHDAO 的另一项研究也发现，那些在 1923 年出生的人们，1998 年参与志愿者活动与 2000 年时保持较好的健康状态和较低的死亡率之间具有相关性，即使在控制了先前的健康状况情况下，这种相关性依然存在。②

第五，参与志愿者活动的时间对健康的影响。对个人参与的志愿者活动的时间是否会影响从志愿者活动中获取的健康好处展开分析，相关研究指出，志愿服务数量与健康好处之间并非线性关系；换句话说，个体提供的服务越多所获得的健康好处就越大这种认识是不正确的。然而，似乎存在着一个"志愿者活动极限"，即对健康有利的志愿者活动必须有一定量的限制，超过这个"限"，就可能适得其反。

AHDAO 调查收集的两项研究数据发现，志愿服务极限是每年 100 小时，或者一周约 2 小时。特别指出的是，若志愿服务每年不足 100 小时，志愿服务和正向的健康效果之间的相关性几乎不存在；

---

① Lum T. Y., and Lightfoot E., "The Effects of Volunteering on the Physical and Mental Health of Older People," *Research on Aging* 1 (2005): 31 – 55.

② Luoh M. C., and Herzog A. R., "Individual Consequences of Volunteer and Paid Work in Old Age: Health and Mortality," *Journal of Health and Social Behavior* 4 (2002): 490 – 509.

即使志愿服务时间增加超过 100 小时，对健康的额外益处也不会产生。[1]

（二）社会效益

老年人参与志愿者活动也会产生广泛的社会效益。

第一，创造了经济效益。通过为老年人提供参与公共的、国家的和非营利组织的志愿服务机会，国家能够利用老年人的经验、技术和潜在的生产力水平提高经济生产率。老年人参与志愿者活动每年能够为美国产生大约 1620 亿美元收益。当越来越多的人达到退休年龄，开始寻找机会以贡献他们的时间和技术的时候，志愿者的经济生产力水平必将有更为明显的提高。[2]

参与志愿者活动有助于老年人健康状况的改善，这一效果具有显著的外部性。研究表明，老年人参与志愿者活动改善和提升了他们的心理健康状况和生活满意感，减少了残障的发生，降低了残障的严重程度。这些结果，在减少长期照料需求和照料时间方面有着非常大的潜力，直接减少了国家和家庭在卫生保健和照料服务上的费用。[3]

第二，提升了社会整体的健康水平。老年人参与志愿者活动所产生的显著的健康福利带动了社会整体健康水平的提升。越来越多的老年人参与志愿者活动，提高了老年人群体的身体健康水平，而且通过参与志愿者活动所展现出的老年人饱满的、充满活力的精神

---

[1] Lum T. Y., and Lightfoot E., "The Effects of Volunteering on the Physical and Mental Health of Older People," *Research on Aging* 1 (2005): 31 – 55; Luoh M. C., and Herzog A. R., "Individual Consequences of Volunteer and Paid Work in Old Age: Health and Mortality," *Journal of Health and Social Behavior* 4 (2002): 490 – 509.

[2] NGA Center for Best Practices, "Increasing Volunteerism Among Older Adults: Benefits and Strategies for States," *Issue Brief May* (2008): 1 – 13.

[3] NGA Center for Best Practices, "Increasing Volunteerism Among Older Adults: Benefits and Strategies for States," *Issue Brief May* (2008): 1 – 13.

风貌也使整个社会充满生机与活力。①

第三，促进了老年人的社会融合。研究表明，志愿者活动为加强老年人与社会的联系提供了一个重要机会。一项研究发现，对于有关节炎等慢性病的老年人而言，志愿者经历为他们提供了一个与其他有相同情况的人进行联系的途径，能够给志愿者一个重要的社会支持网，在这里可以讨论并获得新的适应性技术。② Rook 和 Sorkin 对参与 "Foster Grandparent Program" 的志愿者进行的研究也得出同样的结论：他们在参与计划活动中建立了新的关系网络，增强了社会联系。③ 研究发现，那些参与志愿者活动的老年人感受到社会支持加强的益处，他们的生活质量提高了，心理健康状况得到了改善。

二 老年人参与志愿者活动的动机

老年人参与志愿者活动的动机是复杂的。研究认为，激励老年人参与志愿者活动的因素是多元的。根据 Snyder 和 Omoto 的研究，有两个主要原因：第一个是利他主义，出于道德或宗教责任而助人的情感，意味着主要着眼于他人；第二个是利己主义或自我中心主义，志愿者期望通过参与只为自己获取好处。④ 尽管利他主义强调他人的需要，但是老年志愿者也能从这些活动中受益。参与志愿者活动的原因并非互相排斥的，没有一个志愿者能纯粹根据一种动机而被分类。确切地说，志愿者更可能被一个动机群所驱动。

① Rook K. S. , and Sorkin D. H. , "Fostering Social Ties Through a Volunteer Role: Implications for Older – Adults' Psychological Health," *International Journal of Aging and Human Development*4 (2003): 313 – 337.
② Barlow J. , and Hainsworth J. "Volunteerism Among Older People with Arthritis," *Aging and Society* 21 (2001): 203 – 217.
③ Rook K. S. , and Sorkin D. H. , "Fostering Social Ties Through a Volunteer Role: Implications for Older – Adults' Psychological Health," *International Journal of Aging and Human Development* 4 (2003): 313 – 337.
④ Snyder M. , and Omoto A. M. , "Volunteerism and Society's Response to the HIV Epidemic," *Current Directions in Psychological Science* 1 (1992): 113 – 116.

Clary 等学者从功能性观点进一步发展了一个志愿者活动动机的多维集合，主要包括以下几个方面。[①]

（1）职业生涯：为了获得与职业相关的经历。

（2）成熟：通过志愿者活动实现心理成熟。

（3）保护性：减少如内疚等负面感受，或解决个人问题。

（4）社交：为了加强社会联系。

（5）学习：掌握更多的社会知识。

（6）价值：传达或执行人道主义的重要价值。

动机的多维性揭示了参与志愿者活动动机的复杂性和被志愿者所感受到的价值方面的互惠性。

老年人与其他年龄群体的参与动机模式是不同的，很多文献对此颇有争论。Chappell 和 Prince 支持这样的观点，认为与中年人不同，老年人有不同的参与志愿者活动的动机模式，会参与不同类型的志愿者活动。[②]

在 Okun 的关于老年人参与志愿者活动的动机和活动频率的关系的研究中，排名前三的动机分别是"帮助他人"（83%）、"感觉有用"（65%）和"履行道德义务"（51%）。[③] 在随后的研究中，Okun 和 Schultz 设法在参与者的年龄和不同的参与动机之间建立起一种关系，研究发现，60~69 岁年龄组的志愿者比 70 岁及以上年龄组的志愿者表现出更大的结交朋友的动机，这意味着当面临退休和其他角色丧

---

① Clary E. G., and Snyder M., "The Motivations to Volunteer: Theoretical and Practical Consider-ations," *Current Directions in Psychological Science* 5 (1999): 156 – 159; Clary E. G., Snyder M., Ridge R. D., Copeland J., Stukas A. A., Haugen J., and Miene P., "Understanding and Assessing the Motivations of Volunteers: A Functional Approach," *Journal of Personality and Social Psychology* 6 (1998): 1516 – 1530.

② Chappell N. L., and Prince M. J., "Reasons Why Canadian Seniors Volunteer," *Canadian Journal on Aging* 2 (1997): 336 – 353.

③ Okun M. A. "The Relation Between Motives for Organizational Volunteering and Frequency of Volunteering by Elders," *The Journal of Applied Gerontology* 2 (1994): 115 – 126.

失时，老年人或刚刚退休者可能选择志愿者活动来补充他们日趋消失的社会网络。①

Barlow 和 Hainsworth 研究发现，老年人参与志愿者活动的动机在于三个关键需求：一是填补因退休而产生的职业空缺，二是通过帮助他人而感觉对社会有用，三是寻找伙伴。② 因此，老年人通过参与志愿者活动来维持既有的社会网络及个人角色定位。可以认为，志愿服务可视为是老年人因应日常生活问题的策略行为，用以维持自尊和仍是有用之人的形象。③

虽然志愿服务活动被视为自发的或自主参与的活动，但是参与行为的持续性或产生的对志愿服务的认同感，则与参与志愿服务所能获得的心理满足感有着密切的关系。Clary 等研究发现，当志愿者活动的经历与参与动机相符合时，个人会产生更大的满足感和更强烈的继续参与的意愿。④ Finkelstein 进一步研究了与满足感相关的动机强度和动机实现对花费在志愿服务上的时间的影响。结果显示，对感到不太满意的志愿者活动，老年人投入的时间也较少，但是仍然保持着持续的志愿者活动参与行为。⑤

总之，老年人参与志愿者活动并非以获得薪酬和发展职业为主

① Okun M. A., and Schultz A., "Age and Motives for Volunteering: Testing Hypothesises Derived From Socioemotional Selectivity Theory," *Psychology and Aging* 2 (2003): 231 – 239.

② Barlow J., and Hainsworth J., "Volunteerism Among Older People with Arthritis," *Aging Society* 21 (2001): 203 – 217.

③ Clary E. G., Snyder M., and Ridge R., "Volunteers' Motivations: A Functional Strategy for the Recruitment, Placement, and Retention of Volunteers," *Nonprofit Management and Leadership* 2 (1992): 33 – 350; Okun M. A., "The Relation Between Motives for Organizational Volunteering and Frequency of Volunteering by Elders," *The Journal of Applied Gerontology* 2 (1994): 115 – 126.

④ Clary E. G., Snyder M., Ridge R. D., Copeland J., Stukas A. A., Haugen J., and Miene P., "Understanding and Assessing the Motivations of Volunteers: A Functional Approach," *Journal of Personality and Social Psychology* 6 (1998): 1516 – 1530.

⑤ Finkelstein M. A., "Correlates of Satisfaction in Older Volunteers: A Motivational Perspective," *The International Journal of Volunteer of Administration* 24 (2007): 6 – 12.

要目的，在参与中获得尊重、有机会发挥自我、获得鼓励支持以及希望有所贡献等精神心理感受是老年人参与的主要动机。

三 老年志愿者的社会特征与人口特征

老年人参与志愿者活动的情况与其所具有的社会特征与人口特征密切相关。这些因素比较稳定，包括年龄、性别、种族、教育、收入、职业和宗教信仰等。Herzog 和 Morgan 的研究指出，这些特征确定了一个人在社会结构中的位置。社会结构位置规定了一个人的社会角色和功能，并暗示了在获取社会资源和机会方面的差异性。[①]

以下分别从职业状况、经济状况、受教育程度、健康状况、性别、婚姻状况和年龄状况等社会特征与人口特征回顾已有的研究结论。

（一）职业状况

按照一般的理解，退休的老年人比那些仍在工作的老年人有更多的时间用于志愿服务。然而，Caro 和 Bass 以及 Chambre 的研究发现，与不再从业的老年人相比，仍在从业的老年人从事志愿服务的可能性更大。[②] 一个原因可能是从业者比较年轻而且有稳定的收入，这些都会影响他们参与志愿服务的可能性。另外，退休的老年人比那些继续从业的老年人在志愿者活动中投入的时间更多。[③]

---

① Herzog A. R., and Morgan J. S., "Formal Volunteer Work Among Older Americans," in S. A. Bass, F. G. Caro, and Y. P. Chen, eds., *Achieving a Productive Aging Society* (Westport: Auburn House, 1993), pp. 119 – 142.

② Caro F. G., and Bass S. A., "Receptivity to Volunteering in the Immediate Postretirement Period," *Journal of Applied Gerontology* 4 (1997): 427 – 441; Chambre S. M., "Is Volunteering a Substitute for Role Loss in Old Age? An Empirical Test of Activity Theory," *The Gerontologist* 3 (1984): 292 – 298.

③ Caro F. G., and Bass S. A., "Receptivity to Volunteering in the Immediate Postretirement Period," *Journal of Applied Gerontology* 4 (1997): 427 – 441; Fischer L. R., Mueller D. P., and Cooper P. W., "Older Volunteers: A Discussion of the Minnesota Senior Study," *The Gerontologist* 2 (1991): 183 – 194.

（二）经济状况

许多研究发现了收入与志愿者活动参与之间的联系。高收入者参与志愿服务的可能性更大。[①] 其背后的原理在于高收入者能够承担与志愿者活动相关的费用（如交通、食宿等）。根据 Chambre 的研究，高收入与退休共同构成提高志愿者活动参与水平的主要因素。[②] 陈茗和林志婉研究了中国厦门市老年人参与志愿者活动的情况，结果显示，经济资源的值每增加一个单位，老年人希望参与的可能性就会提高到原来的 2.051 倍。[③]

（三）受教育程度

Marriott Senior Living Services 研究认为，受教育程度是影响老年人参与志愿者活动的一个因素。受过高等教育的被访者比只受过中学教育的被访者更可能参与志愿者活动。[④] Fischer 等研究发现，教育水平也关系到投入志愿者活动的时间量。[⑤]

（四）健康状况

一些学者研究指出，良好的健康状况会增加老年人参与志愿者

---

① Fischer L. R. , Mueller D. P. , and Cooper P. W. , "Older Volunteers: A Discussion of the Minnesota Senior Study," *The Gerontologist* 2 (1991): 183 – 194; Herzog A. R. , and Morgan J. S. , "Formal Volunteer Work Among Older Americans," in S. A. Bass, F. G. Caro, and Y. P. Chen, eds. , *Achieving a Productive Aging Society* (Westport: Auburn House, 1993), pp. 119 – 142.

② Chambre S. M. , "Is Volunteering a Substitute for Role Loss in Old Age? An Empirical Test of Activity Theory," *The Gerontologist* 3 (1984): 292 – 298.

③ 陈茗、林志婉:《城市老年人参与社会公益活动的意愿及其影响因素》,《人口学刊》2004 年第 3 期, 第 30 ~ 34 页。

④ Marriott Senior Living Services, *Marriott's Senior Volunteerism Study* (Washington, D. C. : U. S. Administration on Aging, 1991).

⑤ Fischer L. R. , Mueller D. P. , and Cooper P. W. , "Older Volunteers: A Discussion of the Minnesota Senior Study," *The Gerontologist* 2 (1991): 183 – 194.

活动的机会。[1]

(五) 性别

关于性别对志愿者活动影响的研究，存在不一致的结论。[2] 虽然 Marriott Senior Living Services 明确妇女参与志愿者活动的比例高，男性则在志愿者活动中投入的时间更多。[3] 然而，Fischer 等的调查研究显示，男人和女人在参与志愿者活动上是平等的，因性别而产生的差异更多地与他们所选择的服务类型相关而不是投入的时间量。[4] 例如，男性更可能参与一些对体力有要求的活动，女性则更多承担一些照料性的责任。通常的假设是，女性比男性更有可能参与志愿者活动的原因在于她们在家里的主妇角色。随着越来越多的女性进入劳动力市场，这一趋势将逐渐下降。

(六) 婚姻状况

一些研究发现，婚姻状况也是一个影响老年人参与志愿者活动的因素。已婚者比未婚者更有可能参与志愿者活动。[5] 通过婚姻关系，配偶双方社会网络会进一步扩大，这会为参与志愿者活动带来

---

① Caro F. G. , and Bass S. A. , "Receptivity to Volunteering in the Immediate Postretirement Period," *Journal of Applied Gerontology* 4 (1997): 427 - 441; Fischer L. R. , Mueller D. P. , and Cooper P. W. , "Older Volunteers: A Discussion of the Minnesota Senior Study," *The Gerontologist* 2 (1991): 183 - 194.

② Fischer L. R. , and Schaffer K. B. , *Older Volunteers: A Guide to Research and Practice* (Newbury Parks, CA: Sage Publications, 1993); Fischer L. R. , Mueller D. P. , and Cooper P. W. , "Older Volunteers: A Discussion of the Minnesota Senior Study," *The Gerontologist* 2 (1991): 183 - 194.

③ Marriott Senior Living Services, *Marriott's Senior Volunteerism Study* (Washington, D. C. : U. S. Administration on Aging, 1991).

④ Fischer L. R. , Mueller D. P. , and Cooper P. W. , "Older Volunteers: A Discussion of the Minnesota Senior Study," *The Gerontologist* 2 (1991): 183 - 194.

⑤ Chambre S. M. , "Is Volunteering a Substitute for Role Loss in Old Age? An Empirical Test of Activity Theory," *The Gerontologist* 3 (1984): 292 - 298.

更大的可能性。Fischer 等指出，已婚者往往比未婚者有更多的收入，收入水平的差距足以解释因婚姻状况而产生的志愿者活动参与情况的差异。[①]

（七）年龄状况

根据 Chambre 的研究，人口转变正导致更多的老年人（65 岁及以上）参与到志愿者活动当中来。[②] 一项研究显示，在 65~74 岁和 75 岁及以上的人群中，分别有大约 40% 和 20% 的人参与志愿者活动。[③] ACL 调查显示，26% 的 75 岁以上的老年人参与志愿者活动。[④] 一项 AAPP 在 1988 年进行的调查研究发现，75 岁以上的老年人参与志愿者活动的比例达到 41%。Chambre 的研究报告显示，随着时间的推移，在 Retired Seniors Volunteer Program（RSVP）和 Foster Grandparent Program 中，70 岁以上老年人的参与率在逐渐升高。[⑤] 在 Marriott Senior Living Senices[⑥] 中，对 80 岁以上的被访者的调查结果显示，其志愿者活动参与率较低（27%）。Fischer 等认为，即使志愿者活动参与率随着年龄增长而下降，但是，老年人（75 岁及以上）和高龄老年人（85 岁及以上）中仍有一定比例的人在继续参与志愿者活动。[⑦]

① Fischer L. R., Mueller D. P., and Cooper P. W., "Older Volunteers: A Discussion of the Minnesota Senior Study," *The Gerontologist* 2 (1991): 183 – 194.

② Chambre S. M., "Volunteerism by Elders: Past Trends and Future Prospects," *The Gerontologist* 33 (1993): 221 – 228.

③ Kouri M. K., *Volunteerism and Older Adults* (Santa Barbara, CA: ABC – CLIO, 1990).

④ House J. S., "Americans' Changing Lives: Wave Ⅱ," Ann Arbor, M. Ⅰ., Inter – University Consortium for Political and Social Research, https://doi.org/10.3886/ICPSR04690. v9, 1989.

⑤ Chambre S. M., "Volunteerism by Elders: Past Trends and Future Prospects," *The Gerontologist* 33 (1993): 221 – 228.

⑥ Marriott Senior Living Services, *Marriott's Senior Volunteerism Study* (Washington, D. C.: U. S. Administration on Aging, 1991).

⑦ Fischer L. R., Mueller D. P., and Cooper P. W., "Older Volunteers: A Discussion of the Minnesota Senior Study," *The Gerontologist* 2 (1991): 183 – 194.

四　老年人参与志愿者活动的影响因素

许多文献提到了老年人参与志愿者活动的影响因素。这些可以定性为源自老年人的观念和态度的制约、现实的制纺、文化的障碍以及一些机构的政策及其实施所产生的障碍。

（一）社会制约因素

社会制约因素主要体现在社会上消极的老龄观对老年人参与志愿者活动所形成的制约。占主导地位的老龄观所关注的是老龄化的消极面，如老年人的经济负担、健康状况欠佳、社会角色丧失等。因此，老年人对占优势的社会规范很敏感，他们感觉寻求进一步的社会角色缺乏支持。对这些老年人而言，社会上普遍流行的消极的老龄观已经内化为他们自身的价值认同。[①]

另外，对志愿者的刻板认知常常被人们看作一种威慑因素。Warburton 等认为，只有中年人、白人和中产阶级的女性才能成为志愿者的刻板认知阻止了其他人群参与意识的形成。[②]

（二）个人制约因素

来自个人方面的制约因素对老年人参与志愿者活动产生直接而实际的障碍。问题主要有以下四个方面。

功能性健康问题——老年人的功能水平很可能会对老年人参与

---

① Warburton J., Terry D. J., Rosenman L. S., and Shapiro M., "Differences Between Older Volunteers and Nonvolunteers: Attitudinal, Normative, and Control Beliefs," *Research on Aging* 5 (2001): 586 - 605.

② Warburton J., Terry D. J., Rosenman L. S., and Shapiro M., "Differences Between Older Volunteers and Nonvolunteers: Attitudinal, Normative, and Control Beliefs," *Research on Aging* 5 (2001): 586 - 605.

志愿者活动形成阻碍。[1]

观念问题——他们不参与志愿者活动是因为他们缺乏自信。[2]

交通与安全问题——可能涉及健康原因、没有车、根本不会开车或者无法在夜间开车等一些实际的困难。而且，老年人更不愿意在天气不好或者他们担心不安全的地方开展活动。[3]

价值替代问题——不断增加的休闲机会和老年人的家庭责任将抵消老年人参与志愿者活动的动机。[4]

(三) 政策制约因素

政策制约因素主要是年龄歧视在政策上的体现。对老年人的歧视问题是一个严重的问题。英国 2002 年的调查表明，60% 的受访机构对志愿者有固定的退出年龄限制。在英格兰，HOOVI 计划的研究发现一些机构的政策及其实施涉及对老年人的歧视。[5] 最普遍的年龄歧视现象主要包括以下几个方面。

---

[1]　Li Y., and Ferraro K. F., "Volunteering and Depression in Later Life: Social Benefit or Selection Processes?" *Journal of Health and Social Behavior* 46 (2005): 68 – 84; Rochester C., Hutchison R., Harris M., and Keely L., "A Review of the Home Office Older Volunteers Initiative," http://practicalwisdomr2z. co. uk/consultancy/wp – content/uploads/2013/04/Home – Office – Older – Volunteers – Initiative – ROCHESTER – ET – AL – 2002. pdf, 2002.

[2]　Warburton J., and Terry D. J., "Volunteer Decision Making by Older People: A Test of a Revised Theory of Planned Behavior," *Basic and Applied Social Psychology* 22 (2000): 245 – 257; Rochester C., Hutchison R., Harris M., and Keely L., "A Review of the Home Office Older Volunteers Initiative," http://practicalwisdomr2z. co. uk/consultancy/wp – content/uploads/2013/04/Home – Office – Older – Volunteers – Initiative – ROCHESTER – ET – AL – 2002. pdf, 2002.

[3]　Rochester C., Hutchison R., Harris M., and Keely L., "A Review of the Home Office Older Volunteers Initiative," http://practicalwisdomr2z. co. uk/consultancy/wp – content/uploads/2013/04/Home – Office – Older – Volunteers – Initiative – ROCHESTER – ET – AL – 2002. pdf, 2002.

[4]　Baines S., Lie M., and Wheelock J., "Volunteering, Self – Help and Citizenship in Later Life," https://eprint. ncl. uk/file_ store/production/55283/E31648E6 – 62FE – 407A – 9EAA – D2AFB165ED19. pdf, 2006.

[5]　Rochester C., Hutchison R., Harris M., and Keely L., "A Review of the Home Office Older Volunteers Initiative," http://practicalwisdomr2z. co. uk/consultancy/wp – content/uploads/2013/04/Home – Office – Older – Volunteers – Initiative – ROCHESTER – ET – AL – 2002. pdf, 2002.

一是志愿者的年龄上限。

二是保险公司对投保者设置年龄门槛，从而导致志愿组织不得不劝退一些 70 岁以上或 75 岁以上的志愿者。[①] 报告也证明了这样一个事实，那些致力于吸引老年人参与的组织，保险问题无疑是 70 岁以上的老年人参与志愿者活动的障碍。这一结论所暗示的同时也是被 WRVS 研究所证实的，保险问题经常被用作对志愿者进行年龄限制的借口，在一些志愿组织中这是一个很普遍的做法。[②]

三是偏向年轻志愿者的行为，基于老年人身体太虚弱而不能顺利完成志愿者工作的假设。

四是存在另一种假设是，投资培训一个老年志愿者是不值得的，因为他们不能工作长久。[③] 然而研究已经发现，老年人更倾向于较长地停留在某一个机构，基于这个考虑，培训老年志愿者是值得的。[④]

五是未能给老年志愿者一个足够广泛的活动空间。[⑤] 通常为老年志愿者安排一些无趣的、不被需要的和范围狭小的任务。组织机构往往将老年人和一些不被重视的任务相联系，比如沏茶或者插花，假定老年志愿者更喜欢和老年人一起工作，他们想继续做那些他们

---

① WRVS, "Barrier or Opportunity: Insurance for Older Volunteers," London Institute for Volunteering Research, 2006.

② WRVS, "Barrier or Opportunity: Insurance for Older Volunteers," London Institute for Volunteering Research, 2006.

③ Rochester C., Hutchison R., Harris M., and Keely L., "A Review of the Home Office Older Volunteers Initiative," http://practicalwisdomr2z.co.uk/consultancy/wp - content/uploads/2013/04/Home - Office - Older - Volunteers - Initiative - ROCHESTER - ET - AL - 2002. pdf, 2002.

④ Rochester C., Hutchison R., Harris M., and Keely L., "A Review of the Home Office Older Volunteers Initiative," http://practicalwisdomr2z.co.uk/consultancy/wp - content/uploads/2013/04/Home - Office - Older - Volunteers - Initiative - ROCHESTER - ET - AL - 2002. pdf, 2002; Onyx J., and Warburton J., "Volunteering and Health Among Older People: A Review," *Australasian Journal on Aging* 2 (2003): 65 - 69.

⑤ Rochester C., Hutchison R., Harris M., and Keely L., "A Review of the Home Office Older Volunteers Initiative," http://practicalwisdomr2z.co.uk/consultancy/wp - content/uploads/2013/04/Home - Office - Older - Volunteers - Initiative - ROCHESTER - ET - AL - 2002. pdf, 2002.

在以前工作中一直做的事情。① 相反的是，HOOVI 计划的研究表明，老年人能够从事更为广泛的工作。

六是退休对人们的主要吸引力来自生活安排的灵活性和脱离了有薪工作的按部就班。② 虽然老年人有充裕的时间，但是他们也看重时间安排上的自由度。因此，如果活动时间安排得更灵活，或提供更多的短期志愿者活动机会，会有更多老年人参与到志愿者活动中来。这也暗示着时间安排问题会成为老年人广泛参与志愿者活动的一个潜在障碍。③ 据此，相关组织应该发展一个能鼓励老年人灵活承担不同角色的支持系统。而事实却是，一些组织为自身便利，制定了"一刀切"的限制措施而非适当的支持系统。这显示了老年人参与志愿者活动面临着制度僵化问题。

（四）资源制约因素

这是一种集意愿、能力和机会于一体的综合解释模型。若将志愿服务视为生产性活动，则如同其他社会行为一样，个人需要拥有或付出一定的资源，才有机会从事这一活动。④ 这种以资源为基础的论点，在志愿服务相关研究中较具代表性。吕朝贤和郑清霞利用意愿、能力与机会分类架构，建立解释模型，分析了台湾地区老年人目前及未来志愿服务行为的影响因素。研究分析结果与资源模型的

① Rochester C., Hutchison R., Harris M., and Keely L., "A Review of the Home Office Older Volunteers Initiative," http://practicalwisdomr2z.co.uk/consultancy/wp-content/uploads/2013/04/Home-Office-Older-Volunteers-Initiative-ROCHESTER-ET-AL-2002.pdf, 2002.
② Fischer L. R., and Schaffer K. B., *Older Volunteers: A Guide to Research and Practice* (Newbury Park, C. A.: Sage, 1993); Warburton J., Rosenman L., and Winocur S., "The Meaning of Retirement—Why Retirement Gets a Bad Press," *Social Alternatives* 14 (1995): 11-14.
③ Warburton J., Terry D. J., Rosenman L. S., and Shapiro M., "Differences Between Older Volunteers and Nonvolunteers: Attitudinal, Normative, and Control Beliefs," *Research on Aging* 5 (2001): 586-605.
④ Wilson J., and Marc M., "Who Cares? Toward an Integrated Theory of Volunteer Work," *American Sociological Review* 5 (1997): 694-713.

假设相符，即所持有的资源越多的老年人，其实际参与状况和未来参与志愿服务的倾向越高。[①] 换言之，老年人志愿服务的参与深受个人的意愿、所拥有的能力及可接触志愿服务机会多寡的影响。个人意愿越高，所拥有的能力越强，可接触的志愿服务机会越多，志愿服务参与概率就越大。50～64 岁人口未来志愿服务参与倾向则受到世代参与志愿服务的经验（意愿因素）、受教育程度与工作收入（能力因素）、团体与宗教活动参与（机会因素）及性别等因素的影响。若将性别也归类成意愿因素的话，则发现影响未来志愿服务参与倾向的因素主要被个人现在对于志愿服务的意愿与想法左右。

第三节　简要评述

一　对积极老龄化与参与之间的关系研究不足

关于积极老龄化的研究，诸多研究和观点是在 WHO 所提出的政策框架基础上进行诠释和深化，其所依据的理论和实践基础对于不同发展程度、不同社会文化背景的国家和地区具有同质性。研究揭示了实施积极老龄化战略能够更好地面对老龄化带给我们的机遇和挑战这一普适性的价值。

健康、参与和保障是积极老龄化政策框架的三要素，其中参与是核心，这也是相关研究所形成的共识。但是，学术界对于"参与"在积极老龄化战略中的核心地位和价值是通过何种机制体现出来的这一关键问题却没有给予应有的关注，没有形成充分的、有说服力的理论成果。如果积极老龄化与参与之间的关系仅停留在"参与是核心"，或认为是不言自明的事实，这对积极老龄化的实践就难以形

---

① 吕朝贤、郑清霞：《中老年人参与志愿服务的影响因素分析》，《台大社会工作学刊》2005年第 12 期，第 1～50 页。

成有效的实践工作机制和政策支持体系。

二 缺乏对老年人参与志愿者活动文化特征的分析

老年人参与志愿者活动问题在美欧等发达国家已经形成了一个专门的研究领域，对老年人参与志愿者活动的动机、价值效应、影响因素等方面的问题研究较为深入，产生了许多成熟的研究成果。但是，通过文献回顾发现，这一研究领域尚缺乏不同国家和地区的对比研究，因而无法呈现不同文化背景下的老年志愿者参与的特征和机制。老年人的社会参与与其说是一种行为，不如说是一种文化。老年人参与志愿者活动无法脱离既定的政治、经济和文化环境以及在文化传统影响下的参与形式、程度和对参与的认同感等现实问题。

尤其在中国，对老年人社会参与问题的研究还很薄弱，老年人参与志愿者活动还没有成为老年学研究的重点领域，研究成果寥寥。因此，对于其他国家的相关研究结论就必然存在在中国文化背景下的对比、检验等问题。在积极老龄化的理念下，老年人参与志愿者活动，除其所体现出的意义具有普适性外，参与动机、影响因素等都与特定社会的文化传统、社会发育程度等密切相关。基于此，本研究将在已有研究基础之上，立足中国国情，深度探讨中国老年人参与志愿者活动的相关问题。

三 没有形成一个解决问题的基本思路

老年人参与志愿者活动表现出明显的价值效应，这不仅有利于老年人个人健康状况的改善，也产生了积极的社会效益。但是研究也显示，由于受到来自老年人自身以及社会等诸多因素的影响和制约，在志愿者活动上，老年人还没有形成广泛而有效的参与格局。因此，创造良好的外部环境，推动老年志愿者活动广泛而有效的参与格局的形成应该是相关研究不可回避的关键点，但是，中国这方面的研究却相当薄弱，而国外关于老年志愿者的研究较多，但是不涉及政策建议也是其一贯的研究风格。因此，从已有研究成果来看，没有形成一个解决问题的基本思路，而这恰恰是中国推动老年志愿者活动广泛开展迫切需要解决的问题。

第三章

理论框架

理论是试图揭示是什么和为什么的问题，是为阐释经验研究结果而建立的清晰解释构架，并为社会政策、计划和活动等提供连贯的和有效的运行基础。本研究的主体理论是积极老龄化理论，以引入角色理论和活动理论这两个传统的社会老年学理论作为支撑，来构建解释老年人参与志愿者活动与实现积极老龄化之间关系的理论框架。

第一节　核心理论的意涵

一　积极老龄化

（一）积极老龄化的含义及政策框架

第二届世界老龄大会的突出贡献就是提出了应对人口老龄化挑战的国际长远战略，即积极老龄化战略。世界卫生组织指出："积极老龄化（Active Aging）是指在年老时为了提高生活质量，使健康、参与和保障的机会尽可能获得最佳机会的过程。"[①] 它既适用于个体又适用于群体。它向我们传达了一个比保持健康更为重要的概念，

---

① 世界卫生组织：《积极老龄化政策框架》，华龄出版社，2002，第9页。

即从一种更积极的观点去设想老年人和老年人群体。其中不仅仅只是健康，更强调了在增龄的过程中，老年人有机会均等和处理生活各个方面的权利。"积极"强调的是"继续参与社会、经济、文化、精神和公益事务，而不仅仅是体力活动的能力或参加劳动队伍"。[①]

"健康、参与、保障"形成积极老龄化政策框架的三大支柱。强调要改善所有人的生活质量，包括那些虚弱、残障或日常生活需要部分帮助的人。年龄的增长不应该成为健康、参与社会生活、享受应有保障的障碍。积极老龄化体现了一个比健康老龄化更为广泛的概念，它强调了老年人不是社会的负担，不是一个被动接受照顾和帮助的群体，在某种程度上，鼓励老年人积极主动地参与社会，对于老年人自身权利的实现和对社会的贡献都有着积极的影响。积极老龄化的观点正是基于这种对老年人权利的承认以及联合国关于独立、参与、尊严、照料和自我实现的原则。

（二）积极老龄化意涵指向的三个维度

积极老龄化是针对个人、家庭和社会三个层面而言的。在不同层面，积极老龄化有不同的内涵。同样，积极老龄化之于老年人生活的意义也应从老年人个体、家庭与社会三个维度来加以理解。

积极老龄化的个体意义。对于个人来说，积极老龄化是指进入老年的人享有充实的生活（包括健康、安全和积极参与经济、社会、文化生活），能够按照自己的需要、愿望和能力继续学习，参与社会、经济、文化和公益活动，使其宝贵的才能和经验得到充分运用，继续各尽所能，发挥自己在物质、社会和精神方面的潜力，较长时间保持健康，对社会做出有益贡献。

积极老龄化的家庭意义和社会意义。对家庭和社会来说，积极

---

① 世界卫生组织：《积极老龄化政策框架》，华龄出版社，2002，第9页。

老龄化是指为老年人创造参与活动和学习的一切可能的机会和条件，满足他们的需求，帮助老年人尽可能不依赖他人，延长其余寿的健康期和自立期。在老年人失去部分或全部自理能力需要帮助时，保证其能获得各方面的保护和照料，消除各种对老年人的歧视、怠慢、虐待和暴力行为。让越来越多进入老年的人能够享有健康的生命质量和良好的生活质量，建立一个不分年龄人人共享、代际和谐的社会。

可以看出，积极老龄化是人类老龄观的重大变革，其最重要的改变在于，"把一个战略计划从'以需要为基础'转变为'以权利为基础'"，不仅承认社会参与是老年人的天赋人权，更致力于把老年人社会参与的权利还给老年人，这样，老年人就从社会问题的制造者变成社会问题的解决者；从社会财富的耗费者变成社会财富的创造者；从社会发展的拖累者，变成社会发展的推动者，从根本上获得与中青年人的同一性。[①] 也因此，老龄化对社会经济的压力就转化成为促进可持续发展的动力。

积极老龄化意义就在于此。而体现这一意义的途径正是社会参与。社会参与是积极老龄化的核心。

二 角色理论

(一) 角色理论的内容

角色理论（Role Theory）是 20 世纪 60 年代前兴起的一个重要的社会老年学和心理学理论，是社会老年学家解释个体如何适应衰老的最早尝试之一。角色理论认为，每个人在一生中都要扮演多种角色，角色是个人与社会互相接纳的一种形式。个体通过角色形成

---

① 刘颂：《积极老龄化框架下老年社会参与的难点及对策》，《南京人口管理干部学院学报》2006 年第 4 期，第 5~9 页。

自我概念，获得相应的社会地位和社会回报；社会通过角色赋予个人相应的权利、义务、责任和社会期望。可以说，角色是个人以自身对社会的贡献来满足自身物质需求和精神需求的一种形式，满足的程度随角色的变更而不同。①

（二）角色理论的价值

年龄规范确定和制约着人的角色，使人们必须按照其生理年龄行事。霍曼和基亚克认为，年龄规范主张人的能力和局限与年龄有关。由于许多角色与年龄结构相关，丧失了工作、家庭以及重大社会活动的机会，就导致了个人身份、自尊和心理健康的丧失。②

角色理论关注老年人的角色变化的出发点是其在角色变化与调适过程中遇到的问题。Blau 使用"角色退出"一词描述老年期丧失事件对老年人的影响。老年期的角色退出，尤其是退休和丧偶，是人生两个主要社会角色——工作和婚姻的丧失。③ 这种退出与中年期不同，它不是角色的变换与连续，而是一种不可逆转的角色丧失或中断。在老龄化过程中，个人要经历两大变化：一是要退出某些社会工作关系和中年期的典型角色，二是要开始退休生活和典型的老年人社会关系。在这一时期老年人在角色变化中遇到的特殊问题就是他们失去的角色多于取得的角色。尤其是工作角色，其对于身份、自尊和社会参与尤为重要。Parsons 认为，失去工作是衰老的主要原因，它会导致生活失去目标。④

大量研究表明，角色丧失与心理健康关系密切。Kim 和 Moen 对

---

① 全利民：《老年社会工作》，华东理工大学出版社，2006，第 105 页。

② 〔美〕N. R. 霍曼、H. A. 基亚克：《社会老年学——多学科的展望》，冯韵文、屠敏珠译，社会科学文献出版社，1992，第 76－81 页。

③ Blau Z. S., *Old Age in a Changing Society* (Oxford, England: New Viewpoints, 1973).

④ Parsons T., "The Social Structure of the Family," in R. N. Anshen, eds., *The Family: Its Function and Destiny* (New York: Harper and Brothers, 1949), pp. 173－201.

于婚姻、父母和工作状况的研究表明，任何一个主要角色的缺失都会对心理健康造成负面影响。[1] 研究还发现，"多种角色缺失"是造成心理疾病的危险因素。[2]

角色理论没有考虑个人独特的心理历程，贬低了人的主观能动性，也有批评者认为该理论低估了文化、社会地位和能力的重要影响。毋庸置疑，无论个体之间还是群体之间，都是差异性和一致性并存，老年人群体内部的个体差异是客观存在的，不同文化背景下的社会适应能力和适应方式也明显不同，但在老龄化程度进一步加深、老年人面临的问题进一步凸显的现实背景下，个体的独特性难以掩盖老年人群体所面临的共性问题。现代社会的老年人，要不断面对退休、空巢或丧偶，或老朋友去世等所引致的角色变化。如何调适，不仅需要老年人正确认识这种变化的客观必然性，更重要的是积极对待。"正确认识"能够减轻角色变化所带来的对心理和生活的冲击，但仍然属于消极预防的范畴，对提升生活满足感的正向意义不明显。积极调适的重要途径就是积极参与社会，寻求新的次一级角色。由于被迫从各种角色中退出，老年人必须靠自己的力量寻找控制自己生活的方法，以及维系自己生活的种种联系。

根据角色理论，当老年人能够从过去的一套角色过渡到与年龄规范相称的角色时，便表现为成功的老年。当老年人不能完成这种角色的转换或不能以新的角色取代旧的角色，便会引发其面对衰老过程的沮丧情绪。在与其他人的关系中衍生新的角色意味着老年人能成功地在心理上适应老年生活。

---

① Kim J. E., and Moen P., "Retirement transitions, Gender, and Psychological Well - Being: A Life - Course, Ecological Model," *The Journals of Gerontology* 3 (2002): 212 - 222.

② Coleman L. M., Antonucci T. C., and Adelmann P. K., "Role Involvement, Gender, and Well - Being," in F. J. Crosby, eds., *Spouse, Parent, Worker: On Gender and Multiple Roles* (New Haven: Yale University Press, 1987), pp. 138 - 153; Hong J., and Seltzer M. M., "The Psychological Consequences of Multiple Roles: The Nonnormative Case," *Journal of Health and Social Behavior* 36 (1995): 386 - 398.

三 活动理论

(一) 活动理论的内容

20 世纪 60 年代初，美国学者罗伯特·哈维格斯特（R. Havighurst）认为，积极参与各种活动的老年人会更幸福，更能适应晚年生活，而且幸福的老年人更积极参与活动。基于以上两点，他提出了活动理论，其核心思想是社会和人际交往的高度参与会持续一生，而且会产生对生活的满足感。

活动理论（activity theory）认为活动水平高的老年人比活动水平低的老年人更容易对生活感到满意和更能适应社会。这种理论假定：一个人的自我概念是通过参与具有中年人特点的角色而被证实的，所以老年人应该尽可能保持中年人的许多活动，用新的角色取代因为离退休而失去的角色，在新的社会参与中重新认识自我，从而把自身与社会的距离缩小到最低限度。

(二) 活动理论的现实价值

最近几十年的研究表明，积极参与社会活动与幸福晚年之间存在正向关系。[1] 这一理论还强调持续的社会互动，对于老年人自我观念的发展具有重要作用。换句话说，一个人的自我观念与其扮演的角色具有相关性。因此，老年人应该用新的角色代替他们失去的角色，以保持积极的自我意识。步入老年后由于各种活动减少，积极参与社区服务能使老年人保持和社会的接触。与先前失去的角色一样，他们能从新形成的角色中获得满足感。由于活动能促进人的自

---

[1] Passuth P. M., and Bengtson V. L., "Sociological Theories of Aging: Current Perspectives and Future Directions," in J. E. Birren and V. L. Bengtson, eds., *Emergent Theories of Aging* (New York: Springer, 1988), pp. 333 – 355.

我观念的提升，而自我观念有益于总体幸福感的形成，积极参与各种活动也就影响着老年人的幸福，即便这些活动与先前角色中的活动可能有所不同。

有关活动理论的一些文献着重研究活动与心理健康的一个重要组成部分——生活满足感的关系。早期如 Lemon、Bengston 和 Peterson 研究了社会活动与生活满足感的关系，提出社会活动——尤其是朋友间的活动——在各种情况下都与生活满足感密切相关。[①] 这可能是由于人们的情感有赖于他们所获得的认可，且与和他人的关系密不可分。情感源于目标和信仰所产生的结果，它的形成需要两股力量：个人的力量和环境的力量。二者的关系尤为重要。[②] 老年是个人成长和社会关系复兴的阶段，生活的满足感产生于社会互动和参与：老年人越是积极，生活的满足感和士气就越高涨。[③] Menec 指出，参与活动的频率和对活动的熟识程度对于生活满足感十分重要：活动越频繁，生活越满足；对活动越熟悉，生活越满足。[④] 正如活动理论所述，虽然由于年老会失去一些角色和活动，重要的是形成一套新的角色和活动取代它们，因为这能提升他们的生活满足感。这样，老年人尤其是退休不久的老年人，能够从角色丧失的压力中解放出来。

（三）活动理论的理论价值

活动理论是对脱离理论（disengagement theory）的一个有力的回

---

① Lemon B. W., Bengston V. L., and Peterson J. A., "An Exploration of the Activity Theory of Aging: Activity Types and Life Satisfaction Among In – Movers to a Retirement Community," *Journal of Gerontology* 4（1972）：439 – 458.

② Lazarus R. S., and Lazarus B. N., *Coping with Aging*（New York：Oxford University Press, 2006）.

③ Katz S., *Disciplining Old Age：The Formation of Gerontological Knowledge*（Charlottesville：University Press of Virginia, 1996）.

④ Menec V., "The Relationship Between Everyday Activities and Successful Aging：A 6 – Year Longitudinal Study," *Journal of Gerontology：Social Sciences* 2（2003）：74 – 82.

应。它把成功的老龄化看作由大量的、多种多样的"积极"角色构成的一种模式。相对于脱离理论把老年期看成一种从中年期角色普遍的、不可避免的撤离，活动理论从理论上和实证上都给予了严厉批评。虽然活动理论在后来学者之间的讨论中也指出了其存在的缺陷，例如活动理论并没有考虑到老年人不同个性的需要。在某种意义上，活动理论并没有考虑到那些有伤残的老年人，以及一个社会的经济、政治结构对老年人保持活力的要求所产生的影响，如强制退休制度、就业中的年龄歧视等。但是活动理论为后来的老龄研究指出了一个"积极"的未来，即积极的活动与老年人的健康和生活质量有着密切关系。[①]

积极老龄化既强调老年人个体通过参与以适应社会，同时也强调社会要积极创建支持性环境以促进老年人的参与。角色理论与活动理论均聚焦于老年个体如何调整自己以适应老龄化过程和社会环境，强调老年人继续参与社会活动，尽可能保持活力，其落脚点是老年人个体的行为和洞察力，没有把社会环境视为影响老龄化过程的最大因素。可以看出，就老年人个体而言，积极老龄化的理念要旨和意义与角色理论和活动理论的核心思想是一脉相承的，也可以说，角色理论和活动理论就是积极老龄化的理论渊源。

第二节　理论框架的形成

一　社会参与：积极老龄化理论的核心

（一）老年人社会参与的概念及特征

"什么是老年人社会参与"是推进老年人社会参与的一个首要和

[①] 曹婷：《从健康老龄化到积极老龄化——中国应对老龄化挑战的战略取向研究》，硕士学位论文，中国人民大学，2008，第14页。

重要的问题。但是，对于社会参与的概念，目前尚未形成统一的意见。

概念是对要说明的事物本质特征的抽象。概念是有条件的，是表达我们意思的一组指标，是对我们有联系的观察和经验综合思维的产物。这就是说，条件和指标应该是我们建立概念的最重要的两项内容。

从国外学者的研究来看，研究者一般从其所要研究的角度进行界定，大致可以归纳出四种角度。①介入角度。社会参与是指人们对各种社会活动、社会团体的介入程度。②角色角度。社会参与是一个由正式的（如出席会议、宗教参与和志愿者活动等）和非正式的（如电话联系、与朋友的交往等）社会角色所组成的多维建构。③活动角度。社会参与是指个人和他人一起参加的活动。④资源角度。社会参与是指在社会层面对个人资源的分享。

日本总务厅统计局《平成八年社会生活基本调查报告》认为，社会参与是一种"社会活动"。[1] 这种社会活动又可以分成两类，一类是从事专为他人服务的"社会奉献活动"，另一类是包含个人目的在内的"社会参与活动"。这个界定的重要意义在于将社会参与划分成"无偿的"和"有偿的"两大类，或者说，将"无偿的"和"有偿的"社会活动均纳入社会参与的范畴之中。

Johanne 认为社会参与就是个体的活动和所扮演的社会角色。[2] 社会参与不仅包括社会活动，也应该包括诸如吃饭、洗澡、运动和沟通等日常活动。这些日常活动之所以应该作为社会参与的一部分，是因为这些活动是人们与社会联系所需要的。这个界定的出发点是社会联系。只要与社会联系有关的活动或者有助于社会联系的行为

---

① 陈立行、柳中权：《向社会福祉跨越：中国老年社会福祉研究的新视角》，社会科学文献出版社，2007，第 252 页。

② Johanne D., "Aging and Social Participation," *EN – CRAGE* 9（2007）.

都属于社会参与的范畴。

　　Bukov 等认为社会参与是一种社会导向下的与他人分享资源的行为。① 该定义认为，社会参与是衡量老年人生活质量的一个重要标准。以被分享的资源为基础，社会参与可以划分为集体性社会参与、生产性社会参与和政治性社会参与等类型。集体性社会参与是指参与团体成员的共同活动，团体内部分享的主要资源是时间。生产性社会参与是指为他人提供劳务、商品及其他利益。除了时间之外，被分享的资源还有特殊才能和资历等。政治性社会参与是指关于社会团体和资源分配的决策行为。除了时间和特殊技能之外，还有社会知识和社交能力等。在社会导向下与他人分享资源的阐述揭示了社会参与的本质特征。这个界定关注人们在社会参与过程中的差异性，并根据人们拥有资源的差异划分出社会参与的不同层次。初级层次是集体性社会参与，参与者仅需要拥有时间；中级层次是生产性社会参与，参与者需要拥有特殊才能和资历；高级层次是政治性社会参与，参与者需要拥有社会知识和社交能力。

　　以上阐述说明，国外学者对社会参与的界定实际上提出了三个核心概念：第一，社会参与是社会层面的；第二，社会参与是与他人联系的；第三，社会参与是体现参与者价值的。

　　在较早时期，中国学者和政府文件是把"老有所为"作为老年人社会参与的同义词的。邬沧萍和王高认为，"老有所为"就是"老年人自愿参与社会发展，为社会所做的力所能及的有益贡献"。②《中国老龄工作七年发展纲要（1994～2000 年）》首次提出了"五个老有"的老龄工作总目标，其中就包括"老有所为"。"实现老有所

---

① Bukov A., Maas I., and Lampert T., "Social Participation in Very Old Age: Cross - Sectional and Longitudinal Findings From BASE," *Journal of Gerontology: Psychological Sciences* 6 (2002): 510.

② 邬沧萍、王高:《论"老有所为"问题及其研究方法》,《老龄问题研究》1991 年第 6 期。

为，发挥老年人作用。鼓励、支持低龄和健康老人在自愿量力的前提下，参与社会发展，推动社会精神文明和物质文明建设。"可以看出，"老有所为"强调老年人力资源的开发和利用，强调老年人对社会发展继续发挥作用。

目前对老年人社会参与的含义有多种不同的解释，归纳起来，大致有五种：第一种是指老年人从事有报酬的社会劳动；第二种是指老年人参加的各种社会劳动和社会活动，包括有酬劳动和无酬劳动，但不包括家务劳动；第三种是指老年人参加的各种社会劳动，包括家务劳动；第四种认为老年人的社会参与不仅指参与社会经济发展活动、家务劳动，还包括参与各种社会文化活动；第五种认为老年人的社会参与就是指老年人参与社会的经济、政治、文化等活动。

在这五种解释中，体现出三个层次：第一个层次，社会参与是包括社会劳动和社会活动还是仅指社会劳动；第二个层次，社会劳动是包括有酬劳动和无酬劳动还是仅指有酬劳动；第三个层次，无酬劳动是包括公益劳动和家务劳动还是仅指公益劳动。

综而论之，虽然国内外学者并没有给出最终的社会参与的概念，但是，国外学者提出了社会参与概念应该包容的条件，国内学者提出了社会参与概念应该包括的指标。

根据以上研究，本研究认为，社会参与是指参与者在社会互动过程中，通过社会劳动或社会活动的形式，实现自身价值的一种行为模式。

这个概念有三个核心要素。第一，社会互动。社会参与的首要条件就是参与到社会之中。社会可以是人类生活的共同体，可以是人口群体，可以是人类创造的成果，也可以是居住和工作的环境，等等。社会互动就是参与者以相互的或交换的方式对社会采取行为或对社会存在的反应。在这个过程中，有时参与者是主动的，有时社会是主动的；有时是行为的交流，有时是精神的沟通；有时参与者通过付出而满足，有时通过获得而愉快。第二，社会劳动或社会活动。社会劳动主要指参与者对社会的服务或贡献，可以是有酬的，也可以是无酬的；可以是基于社会的，也可以是基于家庭的。社会活动主要指参与者参加的娱乐、健身、学习等类别的运动。第三，自身价值。按照"人类互动是有意义的"的理论判断，社会参与不是随意的行为，而是有目的或动机的，换句话说，就是有价值追求的。从参与者角度来说，这个目的或价值可以是经济的、政治的，也可以是精神的、心理的；可以是外显的，也可以是内省的。这三个要素实际上从概念角度规定了社会参与必须具备的条件、方式和目标。

社会参与是人们的一种行为模式。由于条件、方式和目标的不同，不同群体的社会参与表现出各自的特点。

老年人社会参与的特征主要包括以下几个方面。第一，社会互动的社区性。与其他群体不同的是，老年人群体因年龄增长和体能下降，在参与社会互动过程中会受到多方面的限制，所以社区参与成为老年人社会互动的主要形式。第二，社会活动的娱乐健身性。就社会劳动和社会活动两大内容而言，老年人参与社会劳动的比例较低。相反，参与适合自身特点的社会活动的比例却很高。从目前情况看，老年人的社会活动主要有两大类：一类是公益性活动，如维护社区治安、维护环境卫生、宣传国家方针政策、调解邻里纠纷等；另一类是娱乐健身性活动，如打太极拳、跳各种舞、参与大合唱、散步、打麻将等。不同的社会活动对老年人的参与有不同的要求，绝大多数老年人因文化程度、健康状况、精神心理状态而很难参与较高层次的社会活动。所以，娱乐健身构成老年人社会活动的重要特点。第三，实现价值的精神心理性。社会互动在于通过互惠或交换实现参与者所期望的价值。与其他群体不同的是，老年人社会参与的目标，固然有可以计算的经济价值，但更多的是一种默默的自我的精神心理满足。这种满足，不希求鲜花和掌声，只是老年人对自我价值的一种认定。

（二）老年人社会参与的理论基础

社会老年学的理论观点旨在从社会学的角度揭示个体老龄化的原因，解释个体老龄化的过程，总结个体老龄化和适应老龄化的社会学规律。[①] 其中的许多理论观点从社会互动的角度解释老年期社会适应和社会融合，为老年人参与社会的研究和实践提供了最重要的理论支撑和解释。

社会老年学的理论观点几乎都与社会参与密切相关，这里主要选取几个对老年人社会参与有正向的、积极的引导作用的理论，以梳理和构建老年人社会参与的基础理论体系。

1. 社会交换理论

该理论是由美国社会学家埃默逊（R. Emerson）和布劳（Z. Blau）提出的，揭示了老年人参与社会的内在动机。该理论以行为心理学和功利主义经济学为理论依据，认为每一个人都有不同于他人的自我需求和资源资本，社会互动就是通过资源交换以满足自我需求的行为。在交换过程中双方都考虑各自的利益，企图以最小的成本换取最大的报酬，因此双方会在某些利益上选择相互作用，当互动双方达不到自我目的时，社会互动就会趋向停止。

多德（James J. Dond）首次将社会交换理论用于分析老年人，认为应该从社会交换理论（即权利和资源不平等的角度）去理解老年人所处的地位。老年人社会地位下降的根本原因在于老年人缺少可供交换的权力资源和价值。因而，如何保持老年人现有的价值资

---

① 邬沧萍：《社会老年学》，中国人民大学出版社，1999，第 270 页。

本是提高其地位的根本。由此，社会交换理论进一步提出，发展与老年人有关的政策和社会服务的原则应当是力求最大限度地增加老年人的权力资源，以保持老年人在社会互动中的互惠性、活动性和独立性。①

社会交换理论诠释了老年人社会参与的重要性和必要性，即通过社会参与提高其价值资本以保持在社会交换中的优势地位。2002年联合国第二届世界老龄大会通过的《政治宣言》指出："老年人的潜力是未来发展的强大基础，这使社会能够越来越多地依赖老年人的技能、经验和智慧，不仅是为了让他们在改善自身福祉方面发挥主导作用，也是为了让他们积极参与整个社会的改善。"这表明老年人的潜力及其社会价值已经得到国际社会的认同。而价值实现的途径正是社会参与。时任联合国秘书长安南指出，通过促进老年人积极参与社会发展，我们能确保他们的宝贵才智和经验得到妥善利用。

社会交换理论也为老龄事业提供了一个发展导向。一方面，社会要为老年人实现社会参与创造条件，并充分调动老年人社会参与的自觉性和积极性，以此帮助老年人，使其拥有可供交换的资源，以提高他们的社会地位。另一方面，树立正确的舆论导向，老年人对社会发展所做出的贡献应该得到承认和尊重，老年人参与社会的具有公益性质的活动应该得到承认和弘扬。正如《马德里老龄问题国际行动计划》所指出的："老年人对社会和经济的贡献超出他们的经济活动。他们往往在家庭和社区内发挥关键作用。许多有价值的贡献无法以经济尺度来衡量——照顾家人，进行维持生存的生产性劳动、家务劳动，以及在社区内从事志愿服务工作。此外，这些工作也帮助社会培养未来的劳动队伍。所有这些贡献……都应该得到

---

① 全利民：《老年社会工作》，华东理工大学出版社，2006，第107页。

承认。"

2. 社会情绪选择理论

社会情绪选择理论是运用"带有补偿的选择性最优化模型"来解释随着老龄化而产生的社会接触上的变化。该理论回答了老年人选择活动的差异性,关注焦点在于社会互动的目的和社会接触的性质,而不是社会活动的单纯频率。相关的纵向研究已表明,某些形式的社会接触(如泛泛之交)确实从中年开始就随年龄的增长而减少。① 社会接触似乎存在着选择性,而并不是完全的社会退出。

关于社会互动减少的原因,社会情绪选择理论认为,老年人社会互动的一个重要功能就是帮助调节情绪和情感。社会互动会涉及情绪,而随着个体年龄的增长,他们可能会越来越多地选择那种最可能产生积极情绪体验的社会接触,越来越避免涉及消极情绪或是那些只有极少的积极情绪回报却消耗个人精力的社会接触,因为他们认识到与年轻人相比他们的时间更为有限。因而,社会互动的选择性被视作老年人充分享受快乐和幸福感的适应性策略。②

社会情绪选择理论对老年人社会参与的选择性有一定的解释作用,同时也对老年人社会参与工作的开展有着积极的指导意义。老年人随着年龄增长,社会互动更讲究价值回报,这种价值主要体现在情绪和情感上,这是社会互动向个性心理意识回归的具体体现,因此在社会参与中会表现出明显的个体差异性。这一理论的重要指导意义在于,一方面要避免在老年人社会参与过程中由社会组织或机构所进行的强制性安排,另一方面要大力发展多元化和多样性的老年人社会参与的活动,为老年人参与社会提供更多的、能够产生

---

① 〔美〕K. W. 夏埃、S. L. 威里斯:《成人发展与老龄化》,乐国安译,华东师范大学出版社,2003,第 269 页。

② Baltes M. M., and Carstensen L. L., "Social – Psychological Theories and Their Applications to Aging:From Individual to Collective," in V. L. Bengtson and K. W. Schaie, eds., *Handbook of Theories of Aging*(New York:Springer, 1999), pp. 209 – 226.

积极情绪体验的选择。

3. 老年亚文化群理论

老年亚文化群理论，最初是由美国学者 Rose 提出的。该理论回答了老年人社会参与的心理需求问题，即只有在同一群体中才能减少压力、获得快乐，旨在揭示老年人群体的共同特征，并认为老年亚文化群是老年人重新融入社会的最好方式。按照 Rose 的观点，只要同一领域成员之间的交往超出和其他领域成员的交往，就会形成一个亚文化群。老年人口群体正是符合这个特征的一种亚文化群体。[①]

老年人因为共同性而结为一个群体，在一定程度上能使他们产生群体精神和群体自豪感。因此我们可以考虑积极引导老年亚文化群，使之逐渐发展为许多大大小小的老年人群体组织或社团，这不但可以提高老年人参与社会的水平和层次，提高老年人的社会地位和影响力，而且能够加强老年人之间的交流，解决角色变化而导致的孤僻和寂寞。同时，形成组织后也可以督促家庭和社会、国家为养老事业承担更多的责任，使全社会形成健康向上的老年观。

尽管这些理论均是从社会学或心理学的某一个角度或某一个方面阐述老年人社会参与的相关因素，还没有形成一个完整的体系，但是，我们仍然能够清晰地看到贯穿这些理论的一条主线，即社会参与在提高老年人生活质量的过程中发挥着十分重要的作用。除以上理论之外，社会老年学中的角色理论、活动理论，以及社会心理学范畴的个体社会化理论，社会学范畴的社会发展和社会公平理论等都对老年人社会参与的研究及社会实践和社会政策具有重要的指导作用，需要予以关注并进行深入的理论整合。

（三）社会参与在老龄政策中的体现和历史演进

促进老年人社会参与已经成为国际上普遍接受的观点，且一直

---

① 邬沧萍：《社会老年学》，中国人民大学出版社，1999，第 275 页。

是联合国老年政策的一条主线。1982 年《维也纳老龄问题国际行动计划》指出："今天的老龄问题不仅是保护和照顾年长者和老年人的问题，而且也是年长者和老年人参与和参加的问题。"1991 年第四十六届联合国大会通过《联合国老年人原则》指出："意识到科学研究已否定了关于年老必衰、每况愈下的陈旧观念，深信在老年人人数和比例日益增大的世界中，必须提供机会，让自愿而又有能力的老年人参与社会当前的各种活动并做出贡献。"2002 年联合国第二届世界老龄大会发表的《政治宣言》指出："力求使老年人充分融入和参与社会；使老年人能够更有效地为其社区和社会发展做出贡献；并且不断改善老年人所需要的照顾和支持。"《2002 年老龄问题国际行动战略》指出："老年人必须充分参与发展进程，也必须享有发展进程的种种好处，不应剥夺任何个人得益于发展的机会。"中国的《老年法》专门设"参与社会发展"一章，明确规定"国家为老年人参与社会发展创造条件"。

可见，老年人社会参与也成为越来越多国家老龄政策的重要组成部分。国际社会已经充分认识到老年人社会参与在应对老龄化挑战和促进人类进步上的重要性。

（四）社会参与的双重效应

世界卫生组织将"健康、参与、保障"作为积极老龄化政策框架的三根支柱。联合国第二届世界老龄大会把积极老龄化的内涵写进了大会通过的《政治宣言》。在这三根支柱中，参与是核心，这是由参与的地位和作用所决定的。因为参与作为一个支点，能够撬动健康和保障，从而实现积极老龄化的战略目标。

具体而言，老年人的社会参与能够产生双重效应。

第一，老年人的社会参与是社会经济发展的需要。老年人经历长期的学习和社会劳动的锻炼，知识、经验积累较丰富，是社会各领域各部门中知识、技能、经验较成熟的一批人，是社会的宝贵财富。老年人参与社会会对国家的经济、政治、思想道德、文化等方面的发展产生积极影响，促进社会融合、社会稳定和经济繁荣。老年人特殊的人生经历所形成的特殊人生积淀决定了其参与社会角色的不可替代性。

第二，就老年人自身来讲，老年人的社会参与对丰富老年人的生活，以及促进老年人健康长寿、安度晚年有重要意义：①为社会继续做贡献是老年人晚年生活的精神支柱；②参与一定的社会活动，有利于老年人延年益寿；③参与一定的社会发展活动，有利于老年人改善生活。

可见，老年人的社会参与所产生的双重效应，既是健康和保障的应有内涵，也是促进和发展健康、保障的必然要求。在由健康、参与和保障所形成的循环体系中，参与是关键节点，只有实现老年人的有效参与，才能使这个循环成为相互促进的良性循环，进而实现积极老龄化。

二　志愿者活动：老年人社会参与的重要形式

在老龄政策对于老年人社会参与途径的规定和倡导中，老年志愿者活动是一个重要方面。

世界卫生组织在《积极老龄化政策框架》的政策回应中，关于"参与"提到了三个方面：①提供终身的教育和学习机会；②承认和帮助老年人根据个人的需要、喜好和能力积极参与各种经济发展活动，正式与非正式的工作以及志愿者活动；③鼓励老年人充分参与家庭和社区生活。老年志愿者活动位居其中，而且，在其他参与内容中，有许多活动还是以志愿者活动的形式开展的。可见，参与志愿者活动是完整的社会参与框架的重要组成部分。

2000年之前中国在老龄政策中关于老年人社会参与还没有"志

愿服务活动"的提法，但是《老年法》开始提及"公益活动"。1996 年的《老年法》具体提出了八个方面的参与内容，包括"公益活动"在内的绝大部分活动是以志愿服务活动的形式开展的。在随后的老龄政策文件中，比如《中共中央、国务院关于加强老龄工作的决定》也提到了"公益活动"①。很明显，在这些政策中，对"公益活动"范畴的界定还不清晰，政策中提到的活动形式许多属于公益活动范畴，但是却没有将它们纳入其中。这一局面在《中国老龄事业发展"十五"规划纲要》②和《中国老龄事业发展"十一五"规划纲要》③中开始得到改观，将许多本属于公益性的活动纳入公益活动的概念范畴。这一情况，表面上看属于活动范围界定的问题，而实际上却反映出国家越来越关注和重视老年人参与志愿者活动以及志愿者活动已经成为老年人社会参与的一种重要形式这一事实。

国家政策将老年人社会参与真正聚焦到志愿服务上，是从 2013 年新《老年法》开始的。该法专门在参与社会发展的内容中增加了"参加志愿服务"的内容，这是中国首次在涉老政策法规中明确参加志愿服务活动。2017 年国务院印发的《"十三五"国家老龄事业发展和养老体系建设规划》在"扩大老年人社会参与"一章中专门将"发展老年志愿服务"单列一节。这充分反映出老年人参与志愿服务活动这一形式的积极意义和重要价值逐步受到党和政府的高度重视。

志愿者活动是老年人社会参与的一种重要形式，其原因一方面是政府职能转变，市民社会发育以及社会福利多元化的趋势使志愿

---

① "重视发挥老年人的作用，坚持自愿和量力、社会需求同个人志趣相结合的原则，鼓励老年人从事关心教育下一代，传授科学文化知识、开展咨询服务、参与社会公益事业和社区精神文明建设等活动。"

② "鼓励老年人继续参与社会发展。根据社会需要和自愿量力的原则，创造条件，积极发挥老年人在两个文明建设中的作用。在城镇，要重视老年人才资源的开发和利用，引导老年人从事教育、科研、咨询以及维护社会治安、社区服务等社会公益活动。"

③ "支持老年人对青少年开展社会主义、爱国主义、集体主义、中华民族精神教育，以及维护社会治安、参与社区建设等社会公益活动。"

服务机会大量增加；另一方面则是志愿者活动的功能在很大程度上符合老年人强烈的社会奉献意识和更高层次精神心理需求的满足。

三　理论框架的形成

积极老龄化、社会参与和志愿者活动概念的引入及对其整体性认识，建构了本研究的理论基础。积极老龄化是一种目标，社会参与是实现积极老龄化的重要基础，志愿者活动又是社会参与的一种重要途径。因此，以参与志愿者活动为视角构建积极老龄化的实践途径，就是本研究所要达成的最终目标。

（一）　角色理论与活动理论引入理论框架的合理性

角色理论和活动理论的引入，是分析老年人参与志愿者活动与实现积极老龄化之间关系的一种视角与思考路径。从两种理论的意涵可以看出，它们所强调的都是老年人如何调整自己以适应周围社会环境，但二者的视角各有不同：角色理论偏重心理感受，活动理论则强调行为模式。

角色是在一套行为期望的基础上形成的，这些期望又构成了某一特定的身份和地位。老年人伴随着衰老进入角色退缩或丧失的阶段，从社会角色回归家庭角色，而参与志愿者活动使他们从家庭走向社会。志愿者这一特定的角色承载着社会对其期望和要求，即具有特有的行为方式和社会贡献；同时对于扮演志愿者角色的老年人而言，也对自身存有角色期待，即希望通过这一角色实现自身价值。因为要因应来自两方面的角色期待，而这种角色又彰显了超越物质追求的崇高的精神价值，因此，与退休前所扮演的其他角色相比，志愿者这一角色带给老年人别样的心理体验。

活动理论可以解释具体的志愿者活动对老年人的意义。志愿者活动是一个涵盖很广的概念，不同的活动形式和内容带给老年人不同的心理体验，而这种体验有正向的也有负向的。有目的、有意义的活动有助于老年人获得更为积极的心理体验。活动理论对于志愿者活动的解释力在于其所形成的积极的行为模式，并以此保持生命的活力，从而更好地适应社会。

通过以上分析，我们可以看到，虽然解释视角各有侧重，但角色理论与活动理论二者之间有着更为紧密的联系，可以将角色理论看作活动理论的载体，也就是说，与角色期望相关的具体的行为方式是为实现角色期望服务的。对于本研究而言，既探讨志愿者的角色意义又探讨志愿者活动的行为意义，从这两个角度剖析老年人参与志愿者活动对于实现积极老龄化的途径和意义，也是这个理论框架所承载的本研究的研究路径和研究目的。

（二）理论框架的建构

本研究理论框架建构的基本思路是：基于积极老龄化的视角，以角色理论与活动理论等老龄化理论为理论基础，以社会参与理论为理论核心，将志愿者活动作为社会参与实证研究的中介平台，分析老年人参与志愿者活动的价值效应，从而实现积极老龄化的效果和目标，最终回归积极老龄化的时代主题。

具体而言，本研究引入角色理论和活动理论，解释老年人参与志愿者活动对实现积极老龄化的价值效应。基于角色理论和活动理论这两个传统的社会老年学理论，该理论框架在积极老龄化的理念下得到发展，为考察参与志愿者活动对老年参与者生活质量的提升提供了一个新的视角。从理论意涵可以看出，角色理论重在解释老年人社会参与的原因，活动理论重在解释老年人社会参与的途径，而积极老龄化理论则重要说明参与所要或所能达到的效果和目标。角色理论和活动理论与积极老龄化之间的关系如何，或者说，角色理论和活动理论如何通过志愿者活动指导积极老龄化的实践，对于这一问题的回答，也就形成了本研究的基本理论框架（见图 3 - 1）。

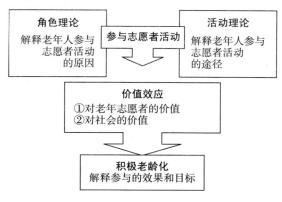

图 3 - 1　理论框架

第四章

中国老年志愿者活动：宏观视角的分析

老年志愿者活动是我们生活中客观存在的一种社会现象，对社会生活产生了日益广泛而深刻的影响，但是中国老年志愿者还没有形成像青年志愿者一样的组织，也没有体现出特有的群体特征。目前有关中国老年志愿者活动的研究相当薄弱，远未形成一个专门的研究领域，甚至还没有形成"老年志愿者"这一专有名词，人们对老年志愿者或老年志愿者活动也没有形成基本的认知。因此，若要了解当前中国老年人参与志愿者活动的基本情况，只有通过文献获取相关信息。

本部分主要探讨当前中国城市老年人参与志愿者活动的类型以及社区志愿者活动和一些专项志愿者活动的特点，并分析中国老年人参与志愿者活动的发展趋势。通过对已有文献资料（包括网络资料）的整合和归类，欲形成对中国老年人参与志愿者活动情况的一般认知。

第一节　中国老年志愿者活动概况

一　中国老年志愿者活动的基本情况

现有资料表明，中国还没有进行过全国性的关于老年志愿者活动的专项调查，所以无法全面、准确而深入地了解中国老年志愿者活动的基本情况。但是，在其他一些调查项目中包含着有关老年志愿者活动的信息，如 2000 年中国城乡老年人口状况一次性抽样调查、2006 年中国城乡老年人口状况追踪调查、2004 年厦门市老年人参加志愿者活动状况及参与意识调查、2005 年北京市老年人精神文化生活现状调查等。通过对这些调查数据的分析，我们可以获得对中国老年志愿者活动的一般性认识。

（一）城乡老年人口状况一次性抽样调查和追踪调查的相关分析

在 2000 年中国城乡老年人口状况一次性抽样调查和 2006 年中国城乡老年人口状况追踪调查中，与老年人参与志愿者活动相关的问题有四个，包含服务意愿和实际提供服务两方面内容。具体问题如下。

　　　　您愿意给街道里生活有困难的其他老年人提供以下帮助吗？（选项为：做家务、服侍人、聊天解闷、求医问药、调解纠纷）
　　　　您愿意带头组织街道里的老年人开展娱乐活动吗？
　　　　您愿意代表街道里的老年人向上级反映老年人的困难吗？
　　　　您平常参加下列哪些社会公益活动？（选项为：治安员、义务劳动、志愿组织活动、互助组织活动、青少年教育活动）

对于"实际提供服务"的情况，通过"您平常参加下列哪些社会公益活动"[①] 这个问题来进行了解。

2000 年调查数据显示，城市老年人中有 23.8% 的人从事过义

---

① 两次调查均使用"社会公益活动"，这与本研究所采用的"志愿者活动"在内涵和本质上是一致的。因此本研究不再对这两个概念之间的关系做分析，本部分所出现的"公益活动"即为"志愿者活动"。

务劳动，12.5%的人担任过治安员，10.6%的人参加过对青少年教育活动，7.3%的人参加过志愿组织，7.7%的人参加过互助组织。

分年龄来看，总的趋势是随着年龄增大，公益活动参与率呈下降趋势，这一结论与国外的相关研究一致。但是，调查资料也显示出一个需要探讨的问题，那就是除义务劳动项外，其他社会公益活动的参与情况在65～69岁年龄组呈上升状态，也就是说，与60～64岁年龄组相比，65～69岁年龄组的公益活动参与率更高，而后才整体随年龄增长平稳下降，回归一般趋势（见表4-1）。这种状态符合我们的经验判断，分析其原因，可能有以下三点。一是退休之初需要一个调整的过程。大多数老年人在退休之初不能适应新的社会角色、生活环境和生活方式，因而会出现一些不良的心理状态。这需要家庭和社会提供支持促进老年人社会适应，同时老年人自身也要积极进行心态调适。建立关系网络和适应社区环境也是在这个过程中同时进行的必然环节。尤其是一些知识分子和领导干部，他们很难接受自己失去影响力的事实，也不愿意放下架子和所居住小区的其他老年人交朋友，因而这部分人参与社会公益活动的比例更低，这在之后的调查中会得到证实。二是部分老年人更愿意享受退休所带来的清闲与自由，他们已经厌倦了上班时的辛苦和压力，"谢天谢地，终于退休了"，终于可以按照自己的意图设计生活，因而不愿意再受到程式性活动的约束。三是退休之初家务负担较重。老年人在退休之初，子女事业正刚刚进入上升期，工作紧张，竞争压力大，而其子女还需要专人照顾，许多老年人退休后就自然成为子女的"全职保姆"。而且，退休之初，他们的父母也进入高龄，需要照料。这些因素使老年人参与其他社会活动受到限制。

表 4 - 1 2000 年分性别、年龄的城市老年人参加社会公益活动情况

单位：%

年龄	治安员			义务劳动			志愿组织活动			互助组织活动			青少年教育活动		
	总计	男	女	总计	男	女	总计	男	女	总计	男	女	总计	男	女
60～64 岁	11.6	9.8	13.7	27.1	26.5	27.7	7.7	6.3	9.2	8.2	7.5	9.0	10.8	10.3	11.4
65～69 岁	13.8	11.1	16.6	26.3	25.7	27	8.2	6.6	9.9	8.6	6.5	10.8	11.1	10.7	11.5
70～74 岁	13.9	13.5	14.4	23.1	23.3	22.8	7.4	7.4	7.4	7.4	6.6	8.3	11	12.2	9.6
75～79 岁	12.1	11.8	12.3	17.3	19.7	15.2	6.3	7.0	5.7	6.7	6.6	6.8	10	12.2	8.0
80～84 岁	8.2	9.8	7.0	12.4	16.3	9.7	3.7	5.1	2.7	4.9	6.0	4.0	7.6	10.2	5.7
85 岁及以上	5.8	7.5	4.8	10.1	15.1	7.3	3.5	5.4	2.4	3.1	5.4	1.8	6.6	7.5	6.1

资料来源：中国老龄科学研究中心：《中国城乡老年人口状况一次性抽样调查数据分析》，中国标准出版社，2003。

分性别来看，一个突出的特点是低年龄组（主要是 60～64 岁和 65～69 岁年龄组）女性的社会公益活动参与率均高于男性，高年龄组则开始低于男性。

2006 年调查数据显示，就提供服务的意愿情况，与 2000 年相比，2006 年中国城市老年人在邻里之间、街坊之间互相帮助、互相扶持的情况也有了细微变化（见表 4 - 2）。尽管城市老年人乐意为其他老年人提供服务的比例较高，但大多集中在那些付出时间少、投入精力少的项目，如"聊天解闷""调解纠纷""求医问药"等。例如，2006 年的调查显示，愿意提供"聊天解闷"服务的老年人比例比愿意帮助"做家务"的比例高出 44.4 个百分点。与 2000 年相比，2006 年在那些劳动强度大、需要更多时间和精力的项目上，如"做家务""提供照料"等方面，其比例则明显降低。这也反映出随着中国市场经济的不断发展，城市老年人的思想意识、价值观念也开始有了不同程度的变化。

表 4 - 2　2006 年城市老年人愿意从事各种活动的情况

单位：%

项目	2000 年	2006 年
愿意给街道里生活有困难的其他老年人做家务	23.3	16.3
愿意照料街道里生活有困难的其他老年人	18.7	17.9
愿意帮街道里生活有困难的其他老年人聊天解闷	50.0	60.7
愿意为街道里生活有困难的其他老年人求医问药	32.6	26.5
愿意为街道里生活有困难的其他老年人调解纠纷	40.4	37.1
愿意参加街道里有人组织老年人开展娱乐活动	56.4	66.2
愿意代表街道里的老年人向上级反映老年人的困难	52.7	65.5
愿意参加街道里有人组织向上级反映老年人的困难	63.1	69.7

资料来源：张恺悌：《中国城乡老年人社会活动和精神心理状况研究》，中国社会出版社，2009，第 69 页。

　　从性别来看，女性老年人更愿意提供家务类的实际劳动，男性老年人更倾向于时间和精力付出较少的咨询类项目。这种意愿的差异在很大程度上体现了男性和女性在社会分工、社会地位和家庭地位中的不同所带来的在晚年生活中老年人社会活动方面的区别。城市男性老年人的文化程度高、就业经历丰富、社会网络较广，他们在晚年生活中愿意而且能够参与更多的社会活动，尤其是一些维护自身权益的公共活动。女性的社会活动项目则更多地局限在由家庭、邻里关系所拓展的项目上（见表 4 - 3）。

表 4 - 3　2006 年分性别、分年龄的城市老年人愿意从事各种活动的情况

单位：%

项目	性别		年龄		
	男	女	60 ~ 69 岁	70 ~ 79 岁	80 岁及以上
愿意给街道里生活有困难的其他老年人做家务	12.7	19.5	19.7	13.7	5.5
愿意照料街道里生活有困难的其他老年人	14.8	20.7	21.5	15.2	6.7

续表

项目	性别		年龄		
	男	女	60～69 岁	70～79 岁	80 岁及以上
愿意帮街道里生活有困难的其他老年人聊天解闷	59.6	61.8	65.2	56.4	50.5
愿意为街道里生活有困难的其他老年人求医问药	26.6	26.4	30.5	23.9	12.8
愿意为街道里生活有困难的其他老年人调解纠纷	40.3	34.2	42.1	34.1	19.5
愿意参加街道里有人组织老年人开展娱乐活动	69.2	63.3	72.7	62.8	40.1
愿意代表街道里的老年人向上级反映老年人的困难	69.6	61.6	70.5	64.1	41.2
愿意参加街道里有人组织向上级反映老年人的困难	75.0	64.9	74.8	68.5	44.8

资料来源：张恺悌：《中国城乡老年人社会活动和精神心理状况研究》，中国社会出版社，2009，第 71～72 页。

从年龄来看，随着年龄的增长，老年人的参与意愿逐步降低，这反映出很强的"量力而行"的特点（见表 4-3）。

从文化程度来看，文化程度较低的老年人更愿意为有困难的老年人提供实际的帮助，文化程度较高的老年人则更倾向于组织和协调方面的工作。这反映了由文化程度所决定的工作经历和社会地位的不同对社会公益活动参与意愿的影响（见表 4-4）。

表 4-4　2006 年分文化程度的城市老年人愿意从事各种活动的情况

单位：%

项目	文化程度		
	文盲/半文盲	小学/初中	高中及以上
愿意给街道里生活有困难的其他老年人做家务	19.0	16.9	12.5
愿意照料街道里生活有困难的其他老年人	19.3	18.2	15.9

续表

项目	文化程度		
	文盲/半文盲	小学/初中	高中及以上
愿意帮街道里生活有困难的其他老年人聊天解闷	58.7	63.4	55.9
愿意为街道里生活有困难的其他老年人求医问药	20.2	28.1	27.6
愿意为街道里生活有困难的其他老年人调解纠纷	27.5	39.9	38.1
愿意参加街道里有人组织老年人开展娱乐活动	49.7	68.5	73.6
愿意代表街道里的老年人向上级反映老年人的困难	49.5	68.2	71.4
愿意参加街道里有人组织向上级反映老年人的困难	55.1	72.9	73.6

资料来源：张恺悌：《中国城乡老年人社会活动和精神心理状况研究》，中国社会出版社，2009，第74页。

（二）北京市相关调查的分析

2005 年北京市老龄工作委员会办公室专门开展了北京市老年人精神文化生活现状调查。其中关于老年人参加社会公益活动，是以"您平常都参与哪些社会公益活动"这一问题进行调查的，设了六个选项：社区义务劳动、邻里互助、教育帮助青少年、组织社区文体活动、其他和不参加。

从 51.1% 的不参加的比例可以得出北京市老年人公益活动参与率不到 50% 的基本判断。调查结果显示，社区是城市老年人参加社会公益活动的主要场所，社区义务劳动和组织社区文体活动是主要参与项目，尤其是社区义务劳动，约占 28.8%（见表 4 - 5）。

表 4 - 5　北京市城市老年人参加公益活动情况

单位：%

社区义务劳动	邻里互助	组织社区文体活动	其他	不参加
28.8	6.3	9.4	4.4	51.1

资料来源：2005 年北京市老年人精神文化生活现状调查。

　　老年人参加社会公益活动的情况与受教育程度关系密切，但并非线性关系。如图 4 - 1 所示，不参加社会公益活动的老年人比例与文化程度呈两极分化的态势。受教育程度较高和较低的老年人参与率都不及中等教育程度的老年人，其中，受教育程度最低的老年人的社会公益活动的参与率也是最低的。

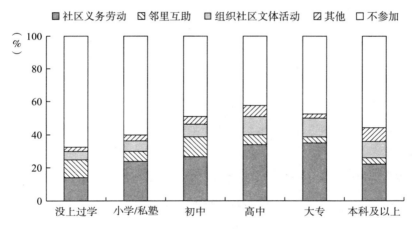

图 4 - 1　北京市不同受教育程度老年人参加社会公益活动情况

资料来源：2005 年北京市老年人精神文化生活现状调查。

（三）厦门市相关调查的分析

　　厦门市 2004 年进行的一项调查涉及以下志愿服务内容：环境保护、社区服务、青少年教育和保护、义诊支教、科普宣传和科技咨询、指导开展社会文体等活动、维系和弘扬民族文化、维护交通安全及社会秩序和社会规范、防灾赈灾、宣传党和国家的方针政策、

国际交流、特定的募捐活动及其他。调查显示，有 59.31% 的老年人
参与过上述志愿服务活动。常年参加活动的比例较低，仅占 8.47%，
经常参加的占 15.66%，偶尔参加的比例为 35.17%。退休、失业和
从未参加工作的老年人虽然闲暇时间比在业的老年人多，但明确表
示不想参加的比例比后者高了 2.88 个百分点。不同行业的老年人的
参与意愿也不尽相同，其中工人和干部的比例差别不大。

厦门市的调查还显示，现阶段的老年志愿者活动还停留在所谓
"老年精英"的层面，还没有像在许多发达国家那样成为广泛的老年
市民活动。即老年志愿者中，文化程度较高的老年人参与志愿者服
务的比例高于文化程度较低的老年人。①

另据厦门市 2007 年 7～9 月对城区老年人的生活及供养情况进
行的一次随机抽样调查，近九成的老年人没有参加社会活动，参加
人数最多的是各类志愿服务工作，占调查对象的 10.1%，其次是参
政议政，占 7.3%，文化教育活动占 6.7%，其他各项活动的参与比
例均不到 5%。与 10 年前的数据相比，参加志愿服务工作的比例上
升较多。②

以上调查和研究并非专门针对老年志愿者活动开展的，因此关
于志愿者方面问题的设计面相对较窄，而且由于对老年志愿者活动
还缺乏认识，在问卷选项的设计上即使问题相同，选项的设置也存
在差异。因此，通过以上调查，难以达成对老年志愿者活动较全面
而深入的认识。尽管如此，从对以上资料的分析中，我们还是可以
形成对中国老年人参与志愿者活动的几点认识。

第一，虽然无法准确判断中国老年人的志愿者活动参与率，但

---

① 陈茗、林志婉：《城市老年人参与社会公益活动的意愿及其影响因素》，《人口学刊》2004
年第 3 期，第 30～34 页。
② "厦门市城区老年人生活状况与对策研究"课题组：《厦门市城区老年人生活状况与对策
调研报告》，http://www.fll.gov.cn/web/research_1.asp？catalogid=303&id=558。

是，他们已经成为一支不可忽视的社会力量。从服务社区建设到支持社会各行各业的发展，从提供咨询到参加劳动，日益发展壮大的老年志愿者队伍成为构建和谐社会、推动社会进步不可缺少的一部分。

第二，总体而言，随着年龄的增长，老年人参与志愿者活动的实际行动和参与意愿都逐步减少和降低。

第三，女性老年人的志愿者活动参与率较男性老年人高。就参与意愿而言，在具体项目选择上的差异，反映了当前在社会分工、社会地位和家庭地位中的性别差异。

第四，文化程度对老年志愿者活动参与情况有显著影响。总体而言，文化程度较低的老年人其实际参与率和参与意愿都较文化程度高的老年人低。但是，中国老年志愿者活动仍处于发展的初级阶段，受活动层次和水平较低以及组织动员力度不足等诸多因素的影响，即使是受教育程度高的老年人，其参与的积极性亦受到抑制。

二　中国老年志愿者活动的类型

2008 年 11 月 15 日，笔者使用谷歌搜索引擎搜索关键词"老年志愿者"时搜到 1030000 项符合条件的查询结果。本部分的资料主要基于前 200 个网页的内容。首先从这 200 个网页中选出有明确出处的规范性案例，以保证案例的客观真实性；然后将泛泛而论的及重复的案例剔除，对剩余网页的信息以及从其他途径（如报纸等）获得的信息进行整理和归纳，依据组织化程度把中国老年志愿者活动划分为以下三种类型。

第一类，自由志愿者活动。"自由"集中体现在四个"自"，即自发行为、自选项目、自定时间、自觉奉献。举例如下。

北干街道有一位年逾古稀的老年人，他肩背工具箱，七年如一日，义务为居民修理自行车，被当地人传为美谈。他就是章慧仁，是绿茵园社区山阴小区的一位居民。①

衡水退休老人回村建文化中心。近日，衡水市退休老人许兰柱在家乡饶阳县五公镇许张保村自费建起了文化中心，购置电视、VCD、扑克、象棋、书籍等，以丰富父老乡亲们的业余文化生活，受到了广泛欢迎。②

乌鲁木齐市8位60岁以上的老年人，利用假期骑着自行车，在216国道K290—K340路段的卡拉麦里山加油站，对过往司机进行野马保护宣传。今年75岁的张少云老人说："我很喜欢野生动物，听到几匹野马被撞死的消息后，我很难过。想通过我们的努力，让更多的人参与到保护野生动物的队伍中来。"③

这种类型的志愿者活动的特点就是在时间安排上富有弹性。老年人根据自己的兴趣、爱好和所具备的条件自行选择服务项目，并按照自己的生活习惯安排合适的活动时间，不会受到来自组织或者其他团体的制度性约束。这一类型的活动满足了老年人注重健康、喜好休闲和发挥余热的多重需求，成为越来越多富有责任感和爱心的老年人的选择。

第二类，定向志愿者活动。这种类型的特点可以概括为：定向服务、自发参与、自觉奉献、与机构联系松散。协助社区或部门工作的"服务队"就属于这一类型。举例如下。

---

① http://www.fx120.net/dzjk/axwn/zxtj/200404141549581023.htm.

② 《衡水退休老人回村建文化中心》，《燕赵都市报》2008年6月12日。

③ http://dw.com.cn/news/? q = news&n = 150.

　　赣州章贡区社区里活跃着一大批志愿者。为了有效破解社区人少事杂的难题，章贡区探索建立老年志愿者长期服务社区机制，邀请各社区有责任心、有奉献精神、有一技之长的老年人到居委会"上班"，成为居委会编外工作人员，义务协助工作人员做一些力所能及的事情，缓解了居委会干部的工作压力，提高了居委会的工作效率。他们不计报酬，不讲条件，走街串巷，宣传政策，活跃文化，清理卫生，调解纠纷，维护治安，快乐地忙碌着、无私地奉献着，大力推进和谐文明社区建设。[1]

　　老年志愿者当"城管"。长清区执法局城管老年志愿团成立两年来，围绕执法局的中心工作，广泛宣传城管法律、法规，积极开展各种形式的文艺活动，实现了"感动社会、带动市民、调动各界、推动执法"的设想。他们的行动已经得到了市民的认同和各级领导的肯定，已成为全市精神文明建设的一个品牌。
　　随着志愿团工作的不断深入，志愿团的规模也不断壮大，现已经发展到200多人。他们每天走街串巷，为城市的亮丽无私奉献。[2]

　　这种类型的志愿者活动是"应需而生"，虽然也形成了一个团队，但其活动仍然服务或服从于所属部门，缺乏独立开展活动的意识和能力。因为涉及具体的工作或任务，一般会被人们认为是在"奉献"。因此，活动开展之初，参与成员基本以党员为主，通过发挥党员的模范带头作用，引导更多的老年人参与进来。这种类型的活动更能使老年人体会到自己"有用"，实现自我价值，从而在参与中获得心理满足。

---

[1]　http://cpc.people.com.cn/GB/117092/117098/7592530.html.

[2]　http://unn.people.com.cn/GB/14748/7654789.html.

第三类，有组织的志愿者活动。这种类型又包含四个子类，即协会型、协助型、专项型和参与型。

协会型分为两种：一种是一般老年志愿者协会，另一种是为发挥老年专业人才的作用而组织的各类协会。一般的老年志愿者协会举例如下。

> 哈尔滨市老年志愿者协会。2004 年 6 月 3 日，依法成立了哈尔滨市老年志愿者协会，并在协会建立了党总支。在市精神文明办和市老龄办的领导下，协会工作进入了规范发展的轨道，为老年志愿者提供了更加广阔的发展空间。

> 海城市动物卫生监督管理局成立老年志愿者协会。

这种类型的志愿者活动就是真正意义上的志愿组织经民政部门批准注册后，老年人通过申请、注册登记等程序而成为组织的正式会员。为了更好地开展志愿服务活动，这些老年志愿组织还为其注册志愿者颁发志愿者证。志愿组织根据服务对象的需求，向注册志愿者发布服务信息、提供服务岗位，志愿者按照相关要求开展志愿服务。[①] 这种类型的志愿者活动赋予老年人新的社会角色，增强了老年人的身份感和使命感。

为发挥老年专业人才的作用而组织的各类协会，如老教授协会、老年科技工作者协会等，通常是经民政部门批准注册，或者属于更高一级协会的分支机构。中共中央、国务院一直高度重视发挥老年人才作用，号召要进一步发挥离退休专业技术人员作用。2005 年，中央组织部等八部门发布了《关于进一步发挥离退休专业技术人员

---

① 《中国注册志愿者管理办法》（中青发〔2006〕55 号）。

作用的意见》（中办发〔2005〕9 号），明确指出中国广大离退休专业技术人员长期奋斗在教育、科研、文化、卫生和工农业生产各个领域，积累了丰富的实践经验，具有较高的专业技术水平，为国家的科技进步、社会经济发展做出了重要贡献，是党和国家的宝贵财富。在全面建成小康社会、加快推进社会主义现代化建设的新时期，继续发挥好离退休专业技术人员特别是老专家的作用，对于实施人才强国战略、促进人才队伍建设和构建和谐社会具有重要意义。

协助型。这一类型的组织代表就是大量存在于社区的老年自组织。这类组织多在社区居委会或有关机构支持下成立，以协助社区或机构的工作为目标，因此在一定程度上具有官方背景。这类组织虽然行志愿服务之实，但多无志愿者之名。这类组织是居民参与社区生活的载体和有效形式，也是整合社区资源、培育社区意识的有效途径。但是这种组织属于非正规形式，因而在某种程度上制约了志愿服务活动的有效性和可持续发展。

专项型。即为特殊目的而专门组织的老年志愿者活动。标志性的项目有"银龄行动""爱心助成长"志愿服务计划等。

"银龄行动"是由国务院倡导发起的在全国开展的老年知识分子援助西部大开发行动，是积极开发老年人才智力资源，充分发挥其专长参与西部大开发，为社会再做贡献的一项社会公益活动。从 2003 年起，这项活动经历了小范围试点、扩大试点和全面推开三个阶段，取得了显著成绩和成功经验，目前已在24 个省（自治区、直辖市）为受援地群众治病 20 多万人次，培训医务骨干和中小学教师 3.8 万人。[①]

"爱心助成长"志愿服务计划。为贯彻落实《中共中央国

---

① 中华人民共和国国务院新闻办公室：《中国老龄事业的发展》，中国政府网，http://www.gov.cn/zhengce/2006-12/12/content_2618568.htm，2006 年 12 月 12 日。

务院关于进一步加强和改进未成年人思想道德建设的若干意见》
和全国加强和改进未成年人思想道德建设工作会议精神，充分
发挥中老年人特别是低龄健康老年人在教育引导未成年人方面
的积极作用，为广大未成年人营造良好的成长氛围，共青团中
央、中国关工委、全国老龄办、全国少工委于 2004 年决定共同
开展"爱心助成长"志愿服务计划。该计划以低龄健康老年人
为主体组成志愿者队伍，广泛开展德育行动、宣讲行动、监察
行动、护苗行动和关爱行动，帮助青少年解决学习、生活、心
理等问题，目前该计划已在全国 100 多个城市展开。[①]

在很多国家，老年人参与社会的主要形式大多类似于"爱心助
成长"志愿服务计划。在美国，未成年人支持计划是 Experience
Corps 的重要活动内容之一，老年人在孩子们放学后辅导他们的功
课，而招募老年人为处于危险状态中的孩子们提供帮助和指导也是
一项国家计划。

这一类型的志愿者活动主要是由政府发起和主导的专门针对老
年人才资源开发而实施的项目。老年人才拥有渊博的学识和丰富的
社会实践经验，开发老年人才的潜能是任何一个国家都不应忽视的。
尤其在中国，为实施人才强国战略，全面建成小康社会，充分发挥
老年人才的作用，组织和推动老年人才"老有所为"，是立足现实且
意义深远的重要举措。这类活动满足了老年人才社会参与的需要，
初步形成了老年人才社会参与的创新性机制。

参与型。即老年人参与其他的志愿组织。比如，在由民政部批
准中国社会工作协会成立的社区志愿者工作委员会中，老年人居于
主体地位并扮演着重要角色。许多老年人把从事志愿服务工作看成

---

① 中华人民共和国国务院新闻办公室：《中国老龄事业的发展》，中国政府网，http://www.
gov.cn/zhengce/2006 - 12/12/content_2618568.htm，2006 年 12 月 12 日。

晚年发挥作用、建设和谐社区、促进社会发展的重要途径和形式，因而参与的热情非常高。

其他相关信息，举例如下。

> 石家庄市志愿者协会招募老年志愿者。最近，石家庄市志愿者协会正在筹备成立一个老年人法律政策咨询服务团，现在开始招收志愿者，欢迎符合条件的老年朋友踊跃报名。

这一类型的组织在性质上属于正式志愿组织。在具体工作中，有些组织在服务项目的安排上不分年龄，有些项目则根据工作的特点，对于适合老年人从事的专门组成老年人小组。这一类型的突出特点就是突破了亚文化理论所强调的具有同质性的老年人群体集聚对老年人的行为产生不利影响这一观点，而成为老年人代际沟通和交流的平台之一。

虽然目前老年志愿服务组织的规模、受重视程度和影响力远不及青年志愿组织，但是，它们在服务经济建设、环境保护、社会进步中同样发挥着不可忽视的作用，它们的发展趋势是异常强劲的。

通过以上对老年志愿者活动类型的划分，可以看出中国老年志愿者活动表现出如下几方面变化趋势。

第一，个体自发的志愿服务行为成为老年人社会参与的一种方式。资料显示，个体自发的志愿服务行为多出现在 2000 年以后，而且随后报道的案例逐渐增多。这一方面有媒体快速发展因素的影响，但另一方面则说明越来越多的老年人开始自觉加入服务社会的行列。他们的行为体现了老年人的善心和高度的社会责任感。越来越多的老年人加入这一行列也说明志愿者活动因其在时间和活动安排上富有弹性而更能吸引老年人参加，并逐渐将志愿行为演变为人们生活中的一种习惯和本能，从而成为退休后的一种生活方式。

第二，单独、零散的个体自发行为开始逐步向组织化方向转变。老年个体基于善心和责任感所从事的义务活动虽然越来越普遍，并产生了积极的社会影响，但是由于其行为多属自发的、非正式的和不定型的，力量仍然单薄，往往得不到社会的认同和肯定而难以解决具体的实际问题。比如，完善社区服务体系、维护社会治安、促进代际和谐等必须通过组织化的方式才能产生持续性的效果。同时，随着城市社区建设的兴起和快速推进，老年人的作用愈加显现。

因而，政府相关部门开始重视并加强动员和组织，他们因地制宜组建志愿组织体系，为志愿组织成长提供了良好的发展空间，培育了生长的沃土。一些原先的老年志愿者服务队、服务站发展成为组织规范的协会，从而使这些萌生于民间的志愿者活动，由自发变成自觉，由松散变得紧密，由零星活动变成大规模活动；使小人物的善行由自发变为自觉，由个体行为变为群体行为。近些年来，不少退休老年人加入了社区志愿组织，他们年纪不算太大，身体尚好，而且具有时间充裕、经验丰富、威望较高等优势，已经成为这支队伍的骨干力量。

第三，志愿服务的形式呈现多样化。国内外相关研究都将志愿者活动划分为正式和非正式两大类，但由于中国老年志愿者活动正处于兴起阶段，因而呈现多样化的服务形式。在实践中，很难确切界定。比如，个体自发行为属于非正式形式，而中国社会工作协会社区志愿者工作委员会则属于正规注册的志愿组织，无疑属于正式形式。但是，目前存在于很多城市社区的协助社区居委会工作的老年人群体，他们虽然脱离了个体自发活动的状态，但也并未形成真正意义上的"组织"。另外，还有一大批自发形成但未经注册的民间志愿组织，虽然这些草根志愿组织平时活跃在民间，但也难以将其归为正式组织。

　　对于老年志愿者活动而言，正式与非正式并非必然呈现此消彼长的关系，而是两种形式并存且并行不悖，因为这些活动能够满足不同老年人的社会参与需求。

　　老年志愿者的活动范围也在逐渐扩大，从传统的互帮互助到特殊时刻体现出的集体责任感，再到如今在促进社会和谐方面发挥的积极作用：从生活的社区到所在的城市以及全国范围内的计划和项目等。从现有资料可以看出，中国老年志愿者活动覆盖《老年法》所规定的"参与社会发展"的主要活动内容。

第二节　中国老年社区志愿者活动的特征

　　社区志愿者活动是社会组织和个人自愿用自身的时间、技能等资源，在社区为居民和社区慈善事业、公益事业提供帮助或服务的行为。[①] 中国城市社区志愿者活动从萌芽到发展壮大，走过了 20 多年的发展历程。据统计，截至 2008 年 12 月 4 日，社区志愿组织数已达到 43 万个，比 2007 年增加 16 万个，增幅为 59.3%。参加志愿服务活动的有 3000 多万人次。[②]

一　社区志愿者活动兴起的背景

　　中国社区志愿服务的迅速兴起和发展主要受到三方面因素的影响和促进。

　　一是社会转型使社区所承载的功能复杂化和多样化。随着社会经济成分、组织形式、利益关系和分配方式的日益多样化，人们的需求也越来越多样化。越来越多的"单位人"成为"社会人"，大

---

　　① 《关于进一步做好新形势下社区志愿服务工作的意见》（民发〔2005〕159 号）。
　　② 《民政部召开全国社区建设史料征集暨社区志愿服务情况通报会议》，《中国民政》2009 年第 1 期，第 45 页。

量退休人员、失业人员和流动人口进入社区。人口老龄化、家庭小型化，以及为数不少的贫困群体等都对社会服务提出了新要求。城市居民的社会资本（如规范、信任）趋于弱化，居民与社会的隔离状况日益严重，必须依托社区这一载体为居民重建社会规范和社会信任。另外，复杂的社会矛盾对政府的管理提出严峻挑战。由于政府能力的有限性，单纯依靠政府的力量无法解决这些复杂的矛盾，因此动员民间力量与基层社会相结合，在城市基层开展社区建设就成为一条行之有效的途径。

二是国家政策的大力推动。如 2005 年民政部、全国总工会等九部门联合下发了《关于进一步做好新形势下社区志愿服务工作的意见》（民发〔2005〕159 号），2006 年国务院下发了《关于加强和改进社区服务工作的意见》（国发〔2006〕14 号），2007 年民政部下发了《关于在全国城市推行社区志愿者注册制度的通知》（民函〔2007〕319 号）。在政府政策的推动下，中国社区志愿者工作进入了快速发展的轨道。

三是社会公众的志愿服务意识增强是社区志愿者活动发展的决定性因素。随着志愿精神的广泛传播和志愿服务影响的不断扩大，特别是在经历了 2008 年雨雪冰冻灾害、汶川大地震、北京奥运会和残奥会等重大事件后，蕴藏于社会公众当中参与志愿服务的热情被极大地激发出来，社会公众的志愿服务意识普遍增强，从而推动社区志愿者队伍迅速壮大。

二 老年人在社区志愿者活动中主体地位的确立

老年人是社区志愿者活动的主体。虽然没有关于社区志愿者年龄结构的全国性汇总数据，但是笔者在收集资料和调查过程中从社区居委会得到的信息就是日常参加社区服务的人以老年人为主。另外，我们在活动现场也明显感受到这一特点。此外，一些局部

性统计数据也证明了这一特点：天津市和平区有社区志愿者 71611
人，其中 80% 左右是 60 岁以上的老年人；余峰在南京市调查发
现，在社区志愿者中，老年人占 90% 左右。[①]

　　老年人是社区志愿者活动主体这一特点也是多重因素综合作用
的结果。一方面，与其他群体不同，老年人因年龄增长和体能下降，
在参与社会互动过程中会受到多方面的限制，所以社区参与成为老
年人志愿服务的主要形式。另一方面，老年人对社区的依赖度较高，
社区发展与他们的切身利益密切相关，因而他们对社区事务有较强
的参与动机。老年人日常生活和活动基本在自己所居住的社区范围
内，与其他年龄群体相比，他们与外部世界的利益关联较少，而与
社区的利益牵连更多，因此社区参与能满足老年人的利益需求。研
究表明，老年社区参与能够满足其多方面的需求：①强身健体，保
持健康心态；②获得尊重和社会认可；③满足人际交往的需求；
④丰富精神生活，实现自我价值。[②] 另外，老年人是社区建设和发
展的主要依托力量。老年人参与社区建设，既缓解了社区居委会
人员不足、工作繁重的困境，也促进了社区功能的完善。社区建
设需要社区居民连续性与持久性的参与，这是"时间"和"热情"
两种资源的集合体，而社区居民中这两种资源的富余者大多是老
年人。只有他们才具备经常性参与社区公共事务的精力、热情和
"闲暇"。随着人口预期寿命的延长和社会老龄化程度的加深，退
休人员在社区参与中所承担的作用，不仅有其必然性，其有效性
也会逐渐强化。因此，街道居委会等基层组织都在加强发挥老年
人的"余热"。

　　20 世纪 90 年代以来，伴随着社区参与逐渐成为中国社区建设的

---

　　① 余峰：《我国城市社区志愿组织发展现状研究——以江苏省南京市 D 社区为例》，《商业
经济》2008 年第 10 期，第 87~88 页。
　　② 姜振华：《社区参与与城市社区社会资本的培育》，中国社会出版社，2008，第 94~97 页。

新动力，老年人参与开始受到重视。《中国老龄事业发展"十一五"规划》指出：根据人口快速老龄化、政府职能转变、退休人员剥离企事业单位实行社会化管理的要求，加强基层老年群众组织建设，制定出台老年群众组织的管理办法，规范老年群众组织的建设、管理和活动，充分发挥其在基层民主自治、社区建设和老龄工作中的作用。动员组织社区低龄健康老年人特别是各类老年专业人才参与社区建设，使更多老年人在社区服务、社区治安、社区卫生、教育青少年等方面发挥作用是社区老龄工作的任务之一。厦门市老龄办发布《关于动员全市老年人参与和谐社区建设的通知》（厦老龄办〔2007〕25 号），要求各区老龄办、市老龄委成员单位以及各涉老组织动员全市老年人主动融入服务社区、实现积极老龄化。在社区两委的领导下，参与社区建言献策、文明建设、社会治安、关心下一代工作、卫生服务、环境整治、民事调解等，积极参与"和谐社区建设示范单位"创建活动，为厦门市新一轮跨越式发展及和谐社会建设奠定坚实的基础。可见，老年人参与社区建设，已引起各级政府部门的重视。

三 老年社区志愿者活动的特征

在社区建设和发展的过程中，老年人参与社区志愿者活动的状况发生了很大变化，体现出以下特征。

第一，增强了参与的广泛性。与传统社区的行政化取向不同，新型社区建设的居民自治取向为老年人广泛参与社区建设创造了条件。由于政府和社区加强对老年志愿者活动的指导和组织，老年人能够参与的活动项目多了，参与活动的条件更好了，从而大大增强了老年人社会参与的广泛性。不仅是精英老年人参与社区建设与服务，大众老年人也在适合自己参与的岗位上发挥余热。有些学者通过对老年人参与社区公益活动的调查发现，老年人成为社区公益活动的主体，具有较高的参与热情。[①] 1999 年中国老年社会福利事业的发展报告中写道："在社区服务中，老年人已成为一支最富有生机的志愿者队伍，他们积极投身社会公益事业，成立各种老年协会，开展互帮活动，以老助老。"[②]

第二，参与的内容更加丰富。从参与内容上看，不仅有传统服务类型，如卫生环保、治安巡逻、便民服务、扶贫帮困等，新型服务类型也在许多社区蓬勃开展，如专业咨询、教育宣传以及文艺娱乐活动等。更为引人注目的是，社区老年居民对于涉及社区公共事务决策、公共服务项目选择等内容的政治性参与也明显增加。社区调查发现，老年人参与志愿服务内容逐渐丰富主要是更多有爱心的、活跃的、有一技之长的退休人员主动挑"大梁"、牵头组织的结果。

第三，提升了参与的积极性。中国的社区建设在政府部门的大力推动下已经取得了很大成绩，社区居民的生活环境不断改善，生活水平不断提高。在此基础上，社区居民与社区的利益关联度进一步提升。通过社区，人们不断增长的多样化需求能够获得满足，尤其对于老年人，在社区功能逐步完善的情况下，通过更多的参与平台实现了"老有所为"，极大地激发了他们的参与热情。

第四，参与目标趋于多元。老年人参与社区志愿者活动不仅改变了传统的强调健身娱乐为主的目标，而且将充实自我和促进社会发展融合在一起，形成了全方位、多层次的参与目标。社区志愿服务活动也不再是过去那种小规模、偶发性的邻里相助和济贫帮困，而变成一种普遍性、经常性的人际交往和社会生活方式。

总之，社区功能的多样化和社区自治的发展取向促进了老年人

---

① 姜振华：《社区参与与城市社区社会资本的培育》，中国社会出版社，2008，第 89~91 页。
② 时正新主编《中国社会福利与社会进步报告（1999）》，社会科学文献出版社，2000，第 150 页。

实现自身参与和利益需求的满足，形成了不同层次老年人日常性参
与的运行机制。

第三节　中国老年专项志愿者活动的特征

一　"银龄行动"

"银龄行动"是中国政府在建设小康社会和构建和谐社会过程中
充分利用老年知识分子人才智力援助西部大开发的一项创新性活动。
其形成背景有三个：一是中国社会经济发展，特别是西部大开发，
提出了发达地区对欠发达地区援助的问题；二是中国人口老龄化加
速，"老有所为"和充分利用老年知识分子人才智力资源问题逐渐被
提上政府的议事日程；三是联合国第二届世界老龄大会的"积极老
龄化"理论框架将老年人价值和老年人参与问题提升到一个新的认
知高度。面对国内外老龄形势的发展，2002 年 9 月 2 日，中央领导
同志在中国科学院老同志科普宣讲团座谈会上做出了"老龄委可以
研究开展以民间形式组织的发挥老年人才智力的活动"的指示精
神。2003 年 2 月 27 日，《全国老龄工作委员会办公室关于印发
〈组织开展老年知识分子援助西部大开发行动试点方案〉的通知》
发布。"银龄行动"试点工作在上海、新疆、辽宁、青海和甘肃等
五省（自治区、直辖市）展开。这项活动开展以来，经历了小范
围试点、扩大试点和全面推开三个阶段，活动形式与内容不断发
展，由最初单一的组织援助西部大开发，进一步丰富和发展为一
切围绕经济建设和社会发展组织开展的老年知识分子"老有所为"
活动。

在各级政府的领导、老龄办的勤奋工作和老年知识分子的积极
参与下，"银龄行动"取得了显著成绩，并积累了许多成功经验。

"银龄行动"实现了预期的目标效益：为欠发达地区提供技术援助和知识援助，在以医疗卫生为主的多个领域获得了诊疗、培训、引入新项目、提高社会和经济效益等多方面的成果；同时，为老年知识分子追求积极老龄化和再现人生价值提供了一个实践平台，从而受到老年知识分子的热烈欢迎。"银龄行动"产生了重要而深远的扩展性影响：从根本上提升了社会对老年人社会参与问题的认识，并初步形成了老年人社会参与机制的创新性思路，进一步提升了中国老龄工作的层次，推动了中国老年学理论和实践的发展。

老年人的社会参与，既是老年人自身的问题，也是一个发展问题。因此，在应对老年人社会参与问题时，必须要考虑这两个方面。第二届世界老龄大会文件中有关"老年人社会参与"问题的论述，其基本思想也体现了这些原则。

但是，在中国，由于文化特征和社会经济发展水平的影响，老年人社会参与问题常常囿于老年人问题之内。一是将老年人社会参与问题作为老年人精神文化需求问题来看待，认为老年人社会参与主要是丰富老年人生活、满足老年人心理和精神需求；二是将老年人社会参与问题作为老年人养生保健问题的一个组成部分，认为老年人社会参与主要是调整心态、提高心理健康水平；三是将老年人社会参与问题作为老年人文化娱乐的一种具体形式，认为老年人社会参与没有多少可测度的实际价值，而主要是玩乐和闲暇问题；四是将老年人社会参与更多地纳入老年人个人范畴，认为老年人社会参与主要是老年人自己的事情，而不是社会的事情。因此，在中国的老年学界，老年人社会参与被赋予非常宽泛的概念，从老年人再就业到老年人看电视都被视为老年人参与社会的组成部分。

"银龄行动"的开展从根本上改变了这种局面，形成了社会对老年人社会参与的一种崭新认识，并初步形成了构建老年人社会参与机制的创新性思路。具体包括以下几点。①

第一，高起点。"银龄行动"的成功，说明首先要提高对老年人社会参与问题性质的认识，即老年人社会参与不仅是老年人问题，更是社会发展问题。或者说，只有从社会发展角度看待和认识老年人社会参与问题，才能触及老年人社会参与问题的核心。老年人才智力是社会经济发展不可或缺的重要资源之一。可以说，仅仅将老年人作为闲暇主角而不是生产的重要补充力量，正是社会认识的一个误区。所以，第二届世界老龄大会文件指出，老年人的潜力是未来发展的强有力的基础。社会依靠老年人的技能、经验和智慧，不但能改善老年人的自身条件，而且能积极促进全社会条件的改善。

第二，入主流。"银龄行动"的成功，说明老年人社会参与只有融入国家现代化建设，将老年人问题与社会发展融为一体，才能从根本上解决老年人社会参与问题。老年人社会参与并不是一个简单的找事做的问题，而是实现自我价值的问题。许多老年人离退休以后出现失落感和寂寞感，就是因为脱离了主流生产领域，失去了发挥价值的场所。"银龄行动"之所以能够得到老年知识分子的欢迎，就是因为这个活动将老年知识分子重新纳入国家主流生产领域，赋予老年知识分子一个再现价值、焕发青春的机遇。许多老干部高兴地说，将"老有所为"与西部大开发有机联系起来，解决了多年难以实现"老有所为"的问题，使"老有所为"真正实现了"有所为"。

第三，政府主导。"银龄行动"的成功，说明政府主导和不主导大不一样。政府主导，解决了老年人社会参与的认识问题、目标问题、层次问题、形式问题、组织问题、规划问题、制度问题、财政支持问题以及可持续发展问题等。中国社会中一直存在着一种政府文化，所以政府主导构成了运行国家事务或解决社会问题的关键。

---

① 此部分内容引用了姚远教授的《"银龄行动"试点情况评估报告》（打印稿）。在此向姚老师致以诚挚的谢意！

老年人社会参与能够通过"银龄行动"获得前所未有的成功，就是因为发挥了政府主导的作用。

第四，重点群体。"银龄行动"的成功，说明老年人社会参与是一个涉及老年人群体的大问题。虽然各细分群体的老年人都存在社会参与问题，但是很难找到一种适合所有老年人群体需要的社会参与形式。正是因为如此，中国老年人社会参与问题才没有一个大的发展和突破。"银龄行动"的出现，带给我们一个极强的启示，那就是要抓重点群体，通过解决重点群体的社会参与问题总结经验、掌握规律，并逐渐形成推进整体性老年人社会参与的理论与方法。

总而言之，"银龄行动"提升了我们对老年人社会参与问题的认识，找到了组织老年人社会参与的途径和方法，形成了具有中国文化特点的老年人社会参与的运行机制，为中国老年人社会参与在更大范围内长效运行奠定了基础。

二　奥运志愿者服务

北京奥运会的成功举办离不开志愿者的广泛参与。北京奥运志愿者共有四类：赛会志愿者、城市志愿者、社会志愿者、啦啦队志愿者。不同类型的志愿者达 170 万名，创历届奥运会之最。他们在赛场内外参与志愿服务，向世界展示优质的服务和真诚的微笑。据统计，170 万名奥运志愿者中，老年志愿者占到了 15% 左右，加上全国其他协办城市的老年志愿者，老年志愿者数量超过 100 万人。各种类型的志愿者中都有老年人的身影，尤其在城市志愿者和社会志愿者中，老年志愿者在义务指路、维持交通、治安巡逻、展示中华传统文化等方面发挥了不可替代的作用。

加入奥运会志愿者队伍的老年人毕竟是少数，更多的老年人在日常生活中，以"我参与、我奉献、我快乐"的志愿行动表达着对北京奥运会的积极支持。

在整个申办、筹办和举办"奥运"过程中，北京市老年人社会参与状况发生了很大变化。具体来说，包括以下几个方面。

第一，老年人社会参与的数量空前增加。老年人社会参与原来是个人行为，所以数量是有限的，能够坚持参与的就更少了。奥运会加强了政府和社区对老年人社会参与活动的指导和组织，老年人能够参与的活动的项目多了，能够参与的活动的条件更好了，从而大大提升了老年人参与志愿者活动的数量。据报告，每次活动时几乎是家家扶老携幼、全家出动，形成了热火朝天的参与场面。

第二，老年人社会参与的内容空前丰富。多次调查数据显示，中国老年人社会参与主要局限在个体性的社会活动方面。一是看电视、听广播、散步、读书看报等，二是串门、聊天等。但现在，从媒体报道看，中国老年人参与了许多与奥运相关的集体性和个体性活动，比如奥运宣传、迎奥运社区比赛、奥运讲座、奥运行动（环保、治安、调解纠纷、关心独居老年人等）以及老年人集邮、手工制作、发掘传统文化项目等。

> 96 岁的李淑芬老太太不可能在现场为奥运服务，但这并不妨碍她成为北京奥运志愿者的申请者，因为她有自己的绝活——剪纸。
>
> 2001 年北京申奥成功，老太太就起了个念头：用剪纸向世界传递中国人民的友谊。六年来，她的剪纸作品已有五千多幅，内容有孔孟那样的古代圣贤，有《红楼梦》等文学作品中的人物，有民俗，有生活写实，当然还有福娃。她打算制作 200 套剪纸，每套 20 张，送给参加奥运的国家。

奥运使老年人走出家门，走进社会，实现了社会参与的最终目标。

第三，老年人社会参与的积极性空前提高。北京市申办 2008 年奥运会时，北京老年人表现出积极的精神面貌，他们响应北京市"百万老年人科学健身活动"和北京市老年体育协会提出的"申奥有我"号召，广泛参加体育锻炼和"助申奥老年人优秀健身项目表演赛"。2001 年 7 月 13 日申奥成功后，老年人又在天安门广场和正阳门前组织了大规模的群众性迎奥运太极拳和木兰扇表演。老年人之所以如此热烈地盼奥运、庆奥运和参与奥运，是因为他们把建设"新北京"、办好"新奥运"看作自己应尽的责任，是有生之年实现自我和继续为社会做贡献的难得机遇。

南市街志愿者标兵王玉和大爷，带领全家人将社区里一条泥浆横流的坑洼小道整修如新，居民将整修后的小道称为"王玉和便民路"。为了让迎奥运主干道南门外大街更加整洁，王玉和带领福厚西里社区的 20 多位志愿者又开始了新一轮的环境整治工作。果皮、矿泉水瓶甚至小小的纸屑全都逃不过志愿者们的眼睛，而小广告、非法涂鸦这些"城市牛皮癣"也在志愿者们的"监控"之下。志愿者闫玉珍说："奥运会期间会有很多外国朋友到中国来，就像家里来了客人一样，我们得把家里收拾得干干净净，才算是对客人的尊重。"

第四，老年人社会参与的程度空前深化。老年人社会参与的程度可以从两个方面进行衡量：一是老年人自身情况，二是老年人与社会的关系。从自身情况看，老年人参与奥运活动改变了老年人传统的强调健身为主的目标，而是将身体健康、心理健康、家庭健康、社会健康融合在一起，形成了全方位的参与目标。从老年人与社会的关系看，老年志愿者队伍强化了老年人与社会的关系，使老年人与社会成为有机的整体。主要表现在：其一，低龄的健康的有特长的老年人直接参与奥运表演活动和志愿者的服务；其二，健康的无特长的老年人参与社会性的工作，比如担任奥运宣传员、道德监督员、环境维护员、治安巡视员等；其三，年长的身体不太好的老年人发挥营造氛围的作用，比如参与健身、参加社区的活动等；其四，所有老年人做好家庭后勤，支持子女为奥运服务。

总而言之，奥运志愿者服务能够成功引领一般老年人的社会参与，这个活动满足了中国老年人的需求，符合中国老年人的文化心理，能够最大限度地激发中国老年人潜在的能量。可以说，奥运志愿者服务是一次推动中国老年人社会参与的成功实践。

第四节　中国老年人参与志愿者活动的发展趋势

"参与"是联合国倡导的"老年人五项原则"之一，中国在庆祝 1999 年国际老年人的口号中，也响亮地提出了"老年人融入社会，参与社会发展"。然而如何融入、如何参与是一个有待探讨的问题。

《老年法》规定："国家和社会采取措施，健全对老年人的社会保障制度，逐步改善保障老年人生活、健康以及参与社会发展的条件，实现老有所养、老有所医、老有所为、老有所学、老有所乐。"作为中国第一部保障老年人权益的基本法律，它的制定和实施为依法推进老龄事业的发展和维护老年人的合法权益提供了重要的法律依据。尤其在老年人参与社会发展方面，单列章节进行了专门规定，还从八个方面将老年人参与社会活动列入法律保护范畴。这标志着老年人继续参与社会各种形式的活动，不再仅仅是老年人自身的愿望，而是受法律保护的一种权利；标志着全面开展老年人的社会参与活动已不再仅仅是老年人的自发行为，而是法律规定的政府行为；标志着从随着领导的认知程度而起伏的事业转变为与国民经济和社会发展统一规划、同步前进的法律要求。① 可以说，这是历史的进步。有了法律的依靠和保障，中国老年人的社会参与将从自发的维权行为转变成政府行为，使老龄事业的发展和老年人权益保障走上法制化道路。

《老年法》中关于老年人参与社会发展，概括起来就是社会公益活动和再就业两条主要途径。由于受多方面因素的影响和促进，志愿服务等社会公益活动将成为老年人社会参与的主渠道。具体分析如下。

第一，志愿者活动属于生产性活动，能够满足老年人适应退休生活和体现社会价值的需要。

对于生产性活动，国内外许多研究虽然没有形成一致的概念，但是所反映出来的关键信息是明确的，即生产性活动的构成既包括市场性经济活动（有薪劳动），也包括具有经济价值的非市场性活动。也就是说，生产性活动虽然不一定能使参与者获得经济收益，但是可以增加整个社会可用的产品或服务总量。

志愿者活动与有薪工作一样属于生产性活动，国外的许多学者都持这一观点。② 老年人从事志愿者活动能够满足其适应退休后生活的需要，是因为志愿者活动属于生产性活动，与有偿工作相似，能

① 陈立行、柳中权：《向社会福祉跨越：中国老年社会福祉研究的新视角》，社会科学文献出版社，2007。

② Chambre S. M. , "Is Volunteering a Substitute for Role Loss in Old Age? An Empirical Test of Activity Theory," *The Gerontologist* 3 (1984): 292 - 298; Herzog A. R. , and Morgan J. S. , "Formal Volunteer Work Among Older Americans," in S. A. Bass, F. G. Caro, and Y. P. Chen, eds. , *Achieving a productive aging society* (Westport, CT: Auburn House, 1993), pp. 119 - 142; Greenfield E. A. , and Marks N. F. , "Formal Volunteering as a Protective Factor for Older Adults' Psychological Well - Being," *The Journals of Gerontology Series B: Psychological Sciences and Social Sciences* 5 (2004): 258 - 264; Morris, R. , and Caro, F. G. , "Productive Retirement: Stimulating Greater Volunteer Efforts to Meet National Needs," *Journal of Volunteer Administration* 2 (1996): 5 - 13; Morrow - Howell N. , Hinterlong J. , Rozario P. A. , and Tang F. "Effects of Volunteering on the Well - Being of Older Adults," *The Journals of Gerontology Series B: Psychological Sciences and Social Sciences* 3 (2003): 137 - 145.

体现出社会价值和对人生的意义，符合中国老年人的传统价值观。

关于工作对人生的重要意义，英国著名哲学家伯特兰·罗素在《走向幸福》一书中强调工作是幸福的因素。他指出："工作之所以为人们所需，首先是作为解除烦闷的手段，其次是它给予人们获取成功和展露雄心的机会。"他还强调："一项伟大的建设性事业所给予的乐趣，是人生奉献的最大快乐之一。"这说明工作是满足老年人需要的最积极的因素。① 志愿者活动因其不以获取报酬为目的，而更彰显其价值性，能为老年人带来更多满足感和成就感。

另外，从形式上看，志愿者活动的公共服务性质对志愿者提出了更多要求，尤其是组织性的活动有更多严格的规定，因而使志愿者活动虽然不是有偿的工作，但更像"工作"，它为人们退休后的顺利"软着陆"提供了有效缓冲。

老年人退休后离开了工作岗位，会产生许多不适应，包括情绪上的、思想上的和人际关系上的。这些不适应的产生主要在于失去了退休前所拥有的责任，也因此失去了生活目标。因此，尽快有效地适应退休生活，最理想的调适方法就是营造一种工作氛围，满足老年人回归正常生活所需要的条理性、目标和社交圈子。

条理性、目标和社交圈子是人类的三大需求，它们都能从工作中得到满足。即使所干的工作社会地位不高，也不合自己的心意，但它却能在某种程度上满足这三大需求。② 对有些人来说，失去了工作就意味着同时失去了生活的条理性，没有了目标，社交圈子也随之缩小。从有严格的工作日程转换到没有条理性的杂乱的生活状态让许多退休者无所适从。

完整的生活至少需要一定的条理性以及目标和团体归属感。怎

---

① 熊必俊：《老有所为的理论与实践》，经济管理出版社，1993，第37页。
② 〔美〕厄尼·泽林斯基：《40岁开始考虑退休》，董舸、马睿译，中信出版社，2004，第124页。

样把更多的目标、真正的需求、感兴趣的工作以及丰富有益的休闲活动等积极要素注入老年人的生活里？志愿者活动便是新的生活结构和秩序形成的理想平台。在这个平台上，老年人能够寻求到更多的友谊，扩大自己的社交圈子，并能够重建生活秩序和目标。

志愿者活动所具有的生产性的特点，也使其与无所事事或休闲娱乐活动相比，在老年人适应退休生活和体现社会价值方面，有更特殊的意义。

参加丰富多彩的休闲娱乐活动，是提高老年人生活质量的一个重要方面。但是，较生产性活动、休闲娱乐活动在体现社会价值以及实现老年人对其自身的价值认同方面，却难以达到同样的效果。休闲娱乐活动作为日常生活的点缀，是必不可少的，但若沉湎其中，既不利于老年人的健康，也会导致老年人力资源的巨大浪费。

有报道称，对于娱乐性活动的内心体验，很多老年人认为，"现在每天就靠这些活动'混'日子"。① "混"日子背后的深意，就是"我们已经没有价值了，就是等死"。这些活动似乎并不能让他们重新找到过去那种价值和意义。对此，厄尼·泽林斯基在《40 岁开始考虑退休》一书中这样写道："如果你把所有的时间都花在睡大觉、悠然憩息、闲逛以及看电视上，以为如此一来就成了名副其实的大闲人，那你就无法从中获得真正的快乐和满足。许多无所事事的退休者最终变得相当颓废并且对退休深恶痛绝。在这方面，佛罗里达的医生理查德·纽鲍儿有此总结，'许多人在退休后的短暂时期内，身心健康水平急剧下滑的罪魁祸首正是这种无所事事和自感成了废物的心理'。"②

---

① 戴震东：《怎样不再让老年人"混"日子——对话社会学家文军》，《新闻晨报》2008 年 12 月 14 日。

② 〔美〕厄尼·泽林斯基：《40 岁开始考虑退休》，董舸、马睿译，中信出版社，2004，第 124 页。

一些老年人刚退休在家时过得还可以，觉得"没人管的日子真好"，但过了一段时间，就对这种闲散生活厌倦起来，孤独寂寞感愈加强烈。无论从生理活动的保持还是从心理的充实来考虑，很少有人把无所事事的赋闲视为最幸福的生活方式。有的老年人愿意从事一些家务劳动，也有足够的时间参加体育锻炼、文娱活动和种花、养鸟等活动，但更多的是对事业的留恋。

老年人参与志愿者活动能使他们所拥有的潜能得到应有的体现。通过参与，既得到了社会对个人的尊重，又体现了个人对社会的责任和贡献，充分展现了老年人的社会价值。事实上，老年人参与志愿者活动是自觉承担公民义务和责任的一种表现，他们的责任给他们带来的新体验以及有能力和创造力的感觉，要比只参加打牌取乐和"消磨时间"等娱乐活动所能带来的多。[①] 志愿者活动之所以能够满足老年人适应退休后生活和体现社会价值的需要，深层的原因也在于此。

第二，社区建设拓展了志愿者活动的参与空间。随着中国社会管理机制改革的不断深入，社区建设已成为中国社会新的生长点，并逐步发展为最基本的社会生活单位，个人的需求往往会在社区的层次上获得更大的满足。

社区发展在两个层面上具备了动员和组织老年人参与志愿服务的有利条件，为社区老年人的社会参与提供了有效途径。

一是社区自治功能的完善。党的十六届四中全会提出构建社会主义和谐社会的目标任务，要求加强社会建设和管理，"发挥城乡自治组织协调利益、化解矛盾、排忧解难的作用"，充分肯定了城市社区建设对构建社会主义和谐社会的基础性地位和作用，丰富了社区建设内涵，指明了社区建设方向。

---

① 〔美〕N. R. 霍曼、H. A. 基亚克：《社会老年学——多学科展望》，冯韵文、屠敏珠译，社会科学文献出版社，1992，第411页。

社区自治是社区建设的基本方向，这其中社区居民的主动参与是社区居民自治的本质要求，也是社区居民自治发展成功的关键。老年人是真正意义上的"社区人"，在参与社区建设上具有独特的优势。目前，城市老年社区参与在两个方面表现出良好的发展态势。一方面是协助居委会和社区党委完成上级交派的任务。受体制惯性的影响，居委会仍要承担较多政府职能，这样很容易产生角色紧张和角色冲突。这种情况下，居委会开始将那些退休在家、有服务社会愿望的老年人纳入协助管理者行列。这已经成为居委会通行的做法。目前参与社区事务最积极的是已经离退休没有工作的老年人，参与者数量较大，参与频率较高，已初步形成规模。[①] 另一方面是形成自组织。在居委会的动员、组织和倡导下，在社区精英（社区精英一般具备两个条件：其一是具有一定的才能和特长，其二是在社区中享有一定的声望）的参与带动下，社区自组织得到迅速发展，如各种文体娱乐性组织、志愿服务性组织、权益维护性组织等。这些自组织的发展为老年人的社区参与提供了多种渠道和载体，同时也实现了"自我服务、自我管理"的社区自治功能。

长远来看，居委会将剥离政府职能，提升自治服务功能、培育和健全社会组织是其持续发展的必然要求。这样一方面能缓解人手有限的居委会干部和人数众多且需求不断增长的居民之间的矛盾；另一方面有利于构建社区自治多元主体参与格局。以老年人为主体，培育和健全社区组织，既是现实需要又具有深远意义。通过培育和健全社区组织，其一是完善社会功能。通过居民教育、救助保障、医疗保健、普法维权、文化娱乐、体育健身等社区服务，使居民群众日益增长的物质文化需求不断得到满足。其二是密切人与人之间的关系，培养居民的社区归属感。居民在社区组织与活动之中建立

---

① 孙柏瑛、游祥斌：《社区民主参与：任重道远》，《国家行政学院学报》2001 年第 2 期，第 74～79 页。

广泛的联系。在此过程中，随着社区组织的逐步完善，进一步拓展社会力量的自主参与空间，实现社区治理主体的多元化、多样化。

因此，社区自治功能的逐步完善为老年人提供了社区参与的机会和途径，同时激发了老年人的参与热情。在此过程中，会有越来越多的老年人参与到社区发展中来。

二是居家养老模式的推行。居家养老是中国政府目前大力倡导的养老方式。对于居家养老的重大意义，姚远从五个方面进行了总结：①应对 21 世纪中期人口老龄化问题的战略选择，②推动老龄社会经济和市场发展的重要举措，③整合社会为老服务资源的有效方法，④综合解决老年人问题的广阔平台，⑤提高老年人生活质量和生命质量的途径。① 可以说，中国政府对居家养老的选择既有战略意义，也是解决当前问题的对策。

但是，居家养老的推广也面临许多实际问题：其一是满足老年人需求的市场尚未形成；其二是如何建立一支能被老年人所接受的服务队伍；其三是引导老年人转变观念，不仅要转变养老观念，还要转变消费观念。解决这三方面的问题是一个漫长的过程，也是中国当前居家养老在实践过程中所面临的障碍因素。

如果舍近求远，困难往往会更多。实际上，居家养老在中国很多城市有很好的实践，如社区里低龄健康老年人对高龄体弱老年人的帮扶，很多社区是通过"结对子"等形式进行的。这些助老活动受到老年人的普遍认可，因为"和年轻志愿者相比，这种方式更能'说得上话'，双方也更亲近"。② 虽然居家养老服务是出于利他的动机，然而对于接受服务的老年人而言，这同样意味着生活环境的变

---

① 姚远：《从宏观角度认识我国政府对居家养老方式的选择》，《人口研究》2008 年第 2 期，第 16～24 页。

② 《沪试点全新居家养老辅助模式"以老助老"消除代沟》，东方网，http://www.sx.xinhua-net.com/newscenter/2008－07/31/content_13993737.htm，2008 年 7 月 27 日。

化和陌生人的进入。志愿者只有获得老年人的充分接纳，才能真正发挥作用，否则只是流于形式，老年人未必会将他们看作可以求助的对象。

上海开始将这种"以老助老"的方式作为居家养老的辅助模式进行推广。这标志着大批低龄健康老年人在居家养老模式发展进程中将大有作为。《1982 年老龄问题维也纳国际行动计划》就指出："应最大限度地提倡硬朗的年长者互相帮助，提倡他们帮助身体比他们差的老年人，并鼓励他们参加非正式的非全日的工作。"

居家养老可以为中国老年人创造一个社会参与的环境。这种现象的产生具有一定的体制背景和社会意义，它甚至可以成为中国一些新生元素产生的标志。社区发展、居家养老创新、老年人社会参与等都将在这种氛围中获得机会和力量。

第三，社会对老年人价值的承认以及重视老年人价值的再创造。2002 年 4 月 8 日，在西班牙马德里召开的第二届世界老龄大会通过的《政治宣言》确认："老年人的潜力是未来发展的基础。社会依靠老年人的技能、经验和智慧，不但能首先改善他们自己的条件，而且还能积极参与全社会条件的改善。"从而使"老年人是资源"的老年价值观获得了国际社会的认同。

在当代中国，"老年人是财富"集中体现了中国共产党人的老年价值观。胡锦涛同志充分肯定老年人"用长期积累起来的丰富知识和经验，通过各种方式继续为人民服务，为国家的改革、发展和稳定做出了新的贡献"。

国家的老龄政策在鼓励和支持老年人继续参与经济和社会发展，努力探索实现"老有所为"的取向十分明显。从 1994 年《中国老龄工作七年发展纲要（1994～2000 年）》的颁布到 2006 年《中国老龄事业发展"十一五"规划纲要》的出台，中国老龄事业政策的发展经历了 10 多年的历史进程。老龄工作的目标围绕"五个老有"（老有所养、老有所医、老有所学、老有所为、老有所乐）展开，"老有所为"一直是一条政策主线。中国的《老年法》还专门对老年人"参与社会发展"、实现"老有所为"做了明确而具体的规定。充分反映了社会对老年人价值的认可和对其潜能发挥的重视。

当前，社会关注和促进老年人社会价值的实现，主要体现在以下两个方面。

一是构建社会安全网的需要。中国的社会转型进入关键时期，在快速发展的同时，各种矛盾与问题也积累到一定程度，容易激化和爆发。老年人在维护社会安全方面具有其他年龄群体无可比拟的优势。这种优势也决定了老年人承担社会角色的不可替代性。他们德高望重，有充裕的时间，经常活动在基层社区，很容易及时发现问题，在政府和居民之间发挥减压器的作用。现在基层社区已经意识到老年人在维护社会稳定方面的独特作用，开始组织和动员老年人参与社区建设。

在青少年教育问题上，老年人具有政治、经验、威望、时空、亲情等五个方面的优势，既可以使青少年从中学习到应对各种困难的技巧和百折不挠的坚强意志，还可以在青少年的生活中构筑起抵御社会文化中负面影响的"防火墙"。国家一直以来十分重视老年人在青少年教育上的作用，1990 年成立了关心下一代工作委员会，经过数十年的发展，工作机构和运行机制进一步完善，建设了一支以离退休老同志为主体的青少年教育工作队伍，目前这支队伍已有 900 多万人。

老年人都经历了长期的社会政治生活实践，一般具有较丰富的社会政治阅历和斗争经验，多数能敏锐地判断社会是非，思想观点较稳定，抵御各种腐朽、反动思潮的能力较强，是社会政治稳定发展的重要力量。如能使那些身体较好、有领导才能的离退休老年人适当地参与社会发展活动，对改革开放事业的稳定发展将会起到更大的作用。

二是实施人才强国战略的需要。中国人力资源丰富，但人才资源短缺。人才短缺制约中国关键建设领域的突破和整体发展水平的提升，已成为中国实施人才强国战略的瓶颈。但中国老年人才储量巨大，统计显示，中国离退休科技工作者总数有 600 余万人，约为在职科技工作者的 20%，其中拥有高级专业技术职称的老年人占在职拥有高级专业技术职称科技工作者的 40%～50%，有的地方所占比例还要高一些，如上海占 62.61%，云南占 83.66%。中国现有离退休老教授、老专家近 100 万人，约占全国高级专业技术职称人才总数的 50%。这批高智力老龄人才群体 70% 在 70 岁以下，约 70% 身体状况较好，能承担工作，约 70% 愿意继续发挥作用。[1]

因此，开发高智力老龄人才资源将会及时弥补中国目前高层次人才短缺的问题，是全面建成小康社会、构建和谐社会、促进经济社会全面发展的需要。它不仅有利于缓解中国人才供需的矛盾，而且有利于青年人才的培养和成长。

老年人才的闲置是最大的资源浪费，也是国家经济建设和社会发展的重大损失。国家已经开始关注老年人才资源的开发。2005 年中共中央办公厅、国务院办公厅转发了中组部等七部门的《关于进一步发挥离退休专业技术人员作用的意见》，从指导思想、方针、原则到具体的政策、措施等都对发挥离退休专业技术人员的作用做了明确规定。这是中国全面、系统阐述开发高智力老龄人才资源的重要文件。

社会对老年人价值的认可为老年人力资源的开发和潜能的发挥创造了良好的外部环境，不仅为老年人创造了社会参与的机会，也极大地激发了老年人的参与热情。

---

① 吴树青：《重视开发高智力老龄人才资源》，《中国教育报》2005 年 9 月 5 日。

第四，受就业形势的影响，老年人以就业实现充实自我的目的受到抑制。一般而言，老年人再就业的目的有两个：一为获得经济补偿，二为自我充实。王红漫调查发现，被调查的大多数老年人的主要工作目的是自我充实，其次才是获得经济补偿。① 这一方面说明，为获得经济补偿而寻求就业的意愿会随着社会保障制度的完善和保障水平的提高进一步降低，另一方面则说明中国老年人对参与社会发展存在认识上的误区，即认为只有再就业才是实现自身价值的社会参与方式。当然，老年人组织化程度低、社会参与的渠道和机会匮乏也是老年人不得不选择再就业的主要原因。

但是，老年人就业之路并不顺畅。2006 年中国城乡老年人口状况追踪调查显示，中国城市老年人仍然从事有收入工作的比例是比较小的，仅有 5.9%。但在就业意愿上，愿意从事有收入工作的比例远远大于实际就业的比例，达到了 20.2%。与 2000 年相比，2006 年城市老年人的实际就业比例和愿意从事有收入工作的比例都有所下降。其中实际就业比例下降了近 4 个百分点，愿意从事有收入工作的比例下降了 11.6 个百分点，不愿意从事有收入工作的比例却上升了近 10 个百分点。②

北京市老年人的就业比例较全国平均水平还要低。2005 年 8 ~ 10 月，北京市老龄工作委员会办公室开展的北京市老年人精神文化生活现状调查显示，城市老年人离退休后仍在工作或一直工作的比例只有 3.3%，退休在家的达 90.5%。可见，绝大多数城市老年人已经离开了生产第一线。

城市老年人这种就业状况和就业意愿的变化，一方面反映了随

---

① 王红漫：《老年人再就业状况及影响因素分析——来自北京大学燕园地区的调查》，《市场与人口分析》2001 年第 1 期，第 64 ~ 70 页。
② 张恺悌：《中国城乡老年人社会活动和精神心理状况研究》，中国社会出版社，2009，第52 页。

着城市社会保障水平的不断提高，越来越多的老年人在经济上更有保障，不需要也不愿意再次就业，而更愿意安享晚年；另一方面，一直严峻的就业形势也在客观上对老年人就业行为和就业意愿起到了抑制作用。

在再就业受阻的现实情形下，老年人只能通过其他的形式和渠道以满足其充实自我的需求。因此，志愿者活动的广泛开展对中国老年人实现"老有所为"具有很大的吸引力。

第五，老年人参与志愿者活动的自身条件逐步改善。研究表明，社会参与作为"充分运用宝贵才能和经验"，"参与社会和发展"的社会活动，对于老年个体则是"有条件介入"。[①] 文化程度、收入状况、年龄层次等是城市老年人参与志愿服务等社会公益活动的主要影响因素。[②] 也就是说，如果这几方面的条件得到改善，老年人参与志愿者活动的条件就更加充分。

中国老年人的文化程度明显提高。通过对"四普"和"五普"资料的比较分析，1990 年中国 60 岁及以上老年人口的总识字率是 29.55%，文盲、半文盲比重是 70.45%。2000 年中国 60 岁及以上老年人口的总识字率是 51.59%，文盲、半文盲比重是 48.31%。1990~2000 年，老年人口的总识字率增加了约 22 个百分点。[③] 老年人口文化素质的提高在很大程度上是受教育程度较高的人群步入老年所致，同时，老年文化教育工作不断加强也是一个重要因素。

老年人的收入状况明显改善。近几十年，在国家经济实力增强的基础上，全国人民的生活总体上达到小康水平，老年人的生活水平也显著提高，经济收入大幅度增加。根据 2000 年调查，城市老年

---

① 刘颂：《积极老龄化框架下老年社会参与的难点及对策》，《南京人口管理干部学院学报》2006 年第 4 期，第 5~9 页。

② 陈茗、林志婉：《城市老年人参与社会公益活动的意愿及其影响因素》，《人口学刊》2004 年第 3 期，第 30~34 页。

③ 邬沧萍、杜鹏：《中国人口老龄化：变化与挑战》，中国人口出版社，2006，第 144 页。

人的年均收入达到8496元，较1992年的2053元增长了3.1倍。^①在老年人收入构成上，杜鹏和武超对比了2004年和1994年全国人口变动抽样调查数据，发现城市老年人以退休金为主要来源的比例上升了36%，从1994年的44.3%提高到2004年的60.4%，已经有超过一半的城市老年人主要依靠退休金生活。^②这标志着中国城市老年人的社会保障水平不断提高，越来越多的老年人在经济上更有保障。

从年龄层次来看，60~69岁的低龄老年人口占老年人口总数的比重较大，在绝大多数年份中，这一比重在50%以上（见表4-6）。而且低龄老年人口规模增长速度快，将从2000年的7631.6万人迅速膨胀到2035年的峰值20705.5万人，年均增长约374万人，年均增长率为2.89%，2035年后低龄老年人口数量总体呈现缓慢递减趋势。^③

表4-6 60~69岁人口数量及其占老年人口总数的比重

单位：万人，%

年份	人口数	比重	年份	人口数	比重
2000	7631.6	58.8	2030	19909.5	59.7
2005	8015.3	56.5	2035	20705.5	55.7
2010	9500.7	57.6	2040	18093.2	47.2
2015	12559.3	62.1	2045	17129.9	42.9
2020	13847.7	60.2	2050	19978.1	46.6
2025	15960.4	57.6			

资料来源：国务院人口普查办公室、国家统计局人口和社会科技统计司：《2000年人口普查国家级重点课题研究报告》（第二卷），中国统计出版社，2005，第666页。

① 中国老龄科学研究中心：《中国城乡老年人口状况一次性抽样调查数据分析》，中国标准出版社，2003。
② 杜鹏、武超：《1994~2004年中国老年人主要生活来源的变化》，《人口研究》2006年第2期，第20~24页。
③ 国务院人口普查办公室、国家统计局人口和社会科技统计司：《2000年人口普查国家级重点课题研究报告》（第二卷），中国统计出版社，2005，第666页。

如果将 70～79 岁年龄组老年人口也计算在内，中国低龄老年人口绝对数更大，同时在老年人群体中的比重也更大。

一般来说，低龄老年人口健康状况良好，他们头脑清晰，思维敏捷，精力还处于比较充沛的阶段，他们完全有条件参与社会发展。尽管高龄老年人口在绝对数上呈现增长的趋势，但在整个 60 岁及以上的老年人口中仍占很小的比重。这说明在老龄人口中，真正由于高龄而生活难以自理的老年人并不多，即使加上一部分低龄老年人中患各类疾病的人，社会中真正意义上需要给予生活照顾、处于被动接受救助的老年人也并不构成老年人群体的主要部分。而除此之外的大部分老年人，仍具备着不同程度的参与社会竞争的能力与潜力。这说明老年人是参与社会和经济发展的一支不可忽视的力量。

当代科学研究证明，人口中丧失能力的老年人的数量大幅度下降，老年人越来越健康，越来越独立，这是一个普遍的趋势。[1]"许多人受过良好的教育、寿命延长，而且能较长时间保持健康，现在的老年人能够对社会做出比以往更大的贡献。"[2] 可以看出，中国老年人参与社会的自身条件在逐步改善，规模化参与的局面已经形成。

综上所述，社会对老年人价值的承认为老年人参与社会创造了有利的外部环境，这既激发了老年人的参与热情，也创造了现实的、广泛的参与机会。尤其是社区建设所形成的参与平台，拓展了老年人的参与空间，使他们充分参与成为可能。志愿者活动属于生产性活动，能够满足老年人适应退休生活和体现社会价值的双重需要。这些因素共同奠定了志愿者活动成为老年人社会参与主渠道的坚实地位。

---

[1] 赵宝华：《老龄工作——新范式的探索》，华龄出版社，2004，第46页。
[2] 《联合国秘书长安南在联合国第二届世界老龄大会开幕式上的讲话》，载裴晓梅主编《老年人才资源开发学术研讨论文集》，2003，第6～8页。

小　结

在中国，老年志愿者是一个鲜有人关注和研究的概念，但是城市老年志愿者活动呈现较为清晰的发展脉络，其类型、特点及发展趋势表现出以老年人为标签的显著特征。

其一，老年志愿者活动类型丰富。中国老年志愿者活动可分为自由志愿者活动、定向志愿者活动、有组织的志愿者活动三种类型。自由志愿者活动表现为自发行为、自选项目、自定时间、自觉奉献等特点；定向志愿者活动的特点为定向服务、自发参与、自觉奉献、与机构联系松散；有组织的志愿者活动又包含四个子类，即协会型、协助型、专项型和参与型。

中国老年志愿者的活动范围不断扩大，从传统的互帮互助到特殊时刻体现出的集体责任感，再到如今在促进社会和谐方面发挥的积极作用；从生活的社区到所在的城市以及全国范围内的计划和项目等，活动领域越来越广泛。

其二，老年志愿者活动具有多样化趋势。第一，个体自发的志愿服务行为成为老年人社会参与的一种选择方式。第二，单独、零散的个体自发行为开始逐步向组织化方向转变。这一特征主要是由于城市社区建设的兴起和快速推进，老年人的作用愈加显现。第三，志愿服务的形式呈现多样性。正式和非正式两大类志愿者活动在老年志愿者活动中界限较为模糊，志愿服务形式呈现多样化。

其三，中国志愿服务组织体制的行政化色彩较浓，老年志愿者活动运作模式呈现明显的政府主导性。无论是社区志愿者活动还是其他专项志愿者活动大多是由政府机构推动、创办、组织和管理的，这些活动大多与政府的政策及活动有着密切的关系，从而在一定程度上受到政府政策的影响。

尽管这种政府主导性的志愿者活动运作模式有利于动员广泛的社会力量和经济支持，但在实践中，其弊端也十分突出。一方面，志愿服务组织的独立性与自治性较低，可能会抑制其作用的充分发挥；另一方面，志愿服务活动的开展往往通过行政方式发动民众参与，主要依靠行政命令及人际关系的推动而难以体现志愿者的自愿性。

其四，中国老年人参与志愿者活动的文化特征明显。可以归纳为两个方面。第一，中国老年人参与志愿者活动强调健身娱乐和便民服务，而较少涉及参政、构建组织等活动，这与中国的政治体制有关；参与公益性活动的老年人也不是很多，这可能与老年人社会参与的组织体系不完善有关。参与公益性活动极少是个人行为，没有一定的团体和组织很难实行。"银龄行动"就说明了这一点。第二，中国老年人热衷于参与政府组织的活动，而西方国家老年人社会参与以个体或老年人组织为主。中国老年人愿意参加政府组织的活动，一是相信政府，有一种政府情结；二是对政府组织的活动觉得安全、比较放心、不会出问题；三是老年人参加政府组织的活动，比较容易得到家庭成员的支持。

社区志愿者活动、"银龄行动"和奥运志愿者服务等为老年志愿者提供了良好的参与及发展平台，意义重大且影响深远，从根本上改变了中国老年人参与志愿者活动的局面。通过对其进行分析，笔者归纳出中国老年人参与志愿者活动的机制。第一，"银龄行动"满足了老年人才社会参与的需要，初步形成了老年人才参与志愿者活动机制的创新性思路。第二，奥运志愿者服务满足了一般老年人社会参与的需要，形成了一般老年人参与志愿者活动的运行机制。第三，社区功能的多样化和社区自治的发展趋势促进老年人实现其自身参与和利益需求，形成了不同层次老年人的日常性参与的运行机制。

根据对以下五个方面的考察，可以分析中国老年志愿者活动的发展趋势，即老年志愿者活动将成为老年人社会参与的主渠道。

第一，志愿者活动属于生产性活动，越来越多的老年志愿者活动将更好地满足老年人适应退休生活和体现社会价值的需要。

第二，社区建设拓展了志愿者活动的参与空间，老年志愿者活动将更多地在社区内完成。

第三，社会对老年人价值的承认以及重视老年人价值的再创造。

第四，受就业形势的影响，老年人以就业实现充实自我的目的受到抑制，参与志愿者活动可以有效地实现价值替代。

第五，中国老年人参与社会的自身条件在逐步改善。

总之，社会对老年人价值的承认为老年人参与社会创造了有利的外部环境，既激发了老年人的参与热情，也创造了现实的、广泛的参与机会。尤其是社区建设所形成的参与平台，拓展了老年人的参与空间，使他们的充分参与成为可能。中国老年人参与社会的自身条件在逐步改善，规模化参与的局面已经形成。志愿者活动属于生产性活动，能够满足老年人适应退休生活和体现社会价值的双重需要。而且，受就业形势的影响，老年人以就业实现充实自我的目的受到抑制，参与志愿者活动可以实现有效的价值替代。这些因素共同奠定了志愿者活动成为中国老年人社会参与主渠道的坚实地位。

第五章

中国老年志愿者活动：微观视角的分析

第一节　研究方法

一　研究方法的选取

本部分的主题是探讨城市老年人参与志愿者活动行为背后的心路历程。单就参与志愿者活动的行为本身而言十分明晰而简洁，但其背后的影响因素却复杂而广泛。志愿者一般综合各方面因素做出参与决策，而内心的决策过程却并非在活动中或日常生活中进行交流的内容；定量研究也具有明显的局限性，即所有选项都是调查者事先确定好的，而被调查者只能在封闭的范围内做出选择。因此，对于需要深入了解主体选择意愿的志愿动机调查，问卷法显然不是最适合的，这种调查问卷难免会遗漏许多受访者的一些真实动机。另外，定量研究从研究者自己事先设定的假设出发，收集数据对其进行验证，而质性研究强调从当事人的角度了解他们的看法，注意他们的心理状态和意义建构。[①] 因此，必须由研究者亲自进入参与者内心世界，进行深度访谈与观察，以半结构访谈方法收集研究主题的资料；目前国内相关的研究与文献有限，参考资料十分缺乏，本

[①]　陈向明：《质的研究方法与社会科学研究》，教育科学出版社，2000。

研究为针对城市老年人参与志愿者活动行为的影响因素的探索性研究。基于这些原因，本部分采用质性研究方法来展开分析。

质性研究法的主要假定是把现实世界看成一个非常复杂的"现象"，此现象是一个不断变动的动态事实，由多层面的意义与思想所组成。这种现象与事实受环境与情境中主体的主观解释彼此间的互动所影响。[1] 质性研究假设一个人对他人和他人世界的了解可由一般的观察或谈话来达成。质性研究的实证性来自每日的经验，而研究者的角色就是去获取经验的事实，并试图从研究对象的观点去了解人类经验多面性和复杂性的本质。

质性研究法的基本特征有五项：①透过被研究者的眼睛看世界；②仔细描述研究的场景；③从整体主义或网络主义出发，将事件或行为放在其发生的情景或社会及历史网络中来看才能有全面的了解；④认为社会实体（或现象）是能动的，因此重视过程；⑤采用被研究者的观点，避免将先入为主或不适当的解释架构强加在被研究者身上，故研究采用开放或非结构方式。[2] 因此进行质性研究时应依照研究对象的习惯去了解人与事，不应预设立场而将研究者的参考架构套在研究对象的身上，同时也须留意不要企图验证假设或做推论，而是去了解事情发生的过程，尝试发现新概念或新模式。整个研究过程多采用开放式或非结构式，随时视情境、发现而做弹性调整。这些都是质性研究有别于量化研究的特征所在。

适合应用质性研究的情况为当进入一个很不熟悉的社会情境或系统，研究主题鲜为人知，研究的重点在当事者的心路历程，其重点在事物的意义与诠释或者需要描述复杂的社会现象、需要当事人的主观经验或认知过程等。另外，当研究的主要变项与定义均模糊

---

① 简春安：《社会工作与质化研究法》，《当代社会工作学刊》1992 年第 2 期，第 3 ~ 32 页。

② McRoy R. G. , "Qualitative Research," in R. L. Edwards eds. , *The Encyclopedia of Social Work* (Washington, D. C. : NASW Press, 1995) , pp. 2009 – 2020.

不清或观念概化与学说建构仍处于低度发展阶段，也就是用于定义一个新的概念或形成新的假设时，都适合使用质性研究。

　　本研究所要探讨的问题的本质是决定选择质性研究方法的最重要的考虑因素，质性研究可用来认识现象背后尚不为人知的部分。①本研究旨在了解老年人参与志愿者活动的动机、价值效应以及影响因素，需要当事人的主观经验和认知过程，研究的主要变项与定义均模糊不清，符合质性研究的特性与适用准则。对于国内老年人参与志愿者活动，很少有人深入探讨，本研究旨在探索了解参与决策及影响因素，进而作为国家老年人社会参与促进之依据；因此，必须采用一对一的深入访谈方式，方可得到对真实情况的了解，并能从涉入者的角度了解现象背后复杂的因素；这种研究精神符合质性研究现象哲学观与精神之所在，所以本研究选择使用质性研究的方法。

二　取样

　　在质性研究的样本选取策略中，除了立意取样外，研究者为了符合不同的探索目的，可运用不同的抽样策略。由于国内相关研究并不多见，在本研究中，因研究目标是探讨老年人参与志愿者活动的效应，故研究对象以老年志愿者为主，从研究对象的角度来收集其对于参与行为的看法。至于样本的选取，Strauss 和 Cobin 提出在研究开始仍须根据研究问题、可近性、手边的资料及研究者的时间、精力而做选择。②

　　因为本研究的重点不在于做推论，而是要用深度访谈对以前未

---

① Strauss A. , and Cobin J. , *Basics of Qualitative Research*：*Grounded Theory Procedures and Techniques*（Newbury Parks, C. A. : Sage Publications, 1990）.

② Strauss A. , and Cobin J. , *Basics of Qualitative Research*：*Grounded Theory Procedures and Techniques*（Newbury Parks, C. A. : Sage Publications, 1990）.

曾深入描述的现象做探讨，以发现未被深入探究的问题。再者，研究是希望通过访谈来洞察事件的本质，而非做一些量化的了解，所以样本的代表性并非主要的关切点。因此，研究者将以立意取样法来寻找受访者。取样重视资料的丰富内涵，而非样本数量的多寡；研究者依"理论""研究的问题及兴趣点"确定取样架构后，再选取研究对象。取样具备"弹性化"和"随研究进展而演变"的特质，根据研究领域的相关概念决定开始的受访对象，然后要随着正在发展的理论需要随时修正。

本研究取样分四个阶段。第一阶段访谈四位老年志愿者，作为预备性访谈，以修改访谈大纲和研究过程，并对研究对象进行初步了解。第二阶段安排了七位参与志愿者活动的老年人和两位未参与志愿者活动的老年人接受访谈，以进一步获取研究对象的信息，以便深入了解。此阶段的访谈大纲围绕参与志愿者活动的一般性状况，做开放性深度访谈。当核心概念逐渐形成，相关概念类组也逐渐出现之后，此时第三阶段的访谈问题由一般性问题改为以核心概念为焦点，询问与核心概念有关的经验与看法。这个阶段持续时间较长，并非因为选取的访谈对象多，而是访谈完一个对象，马上进行分析，确认从此访谈对象所获得的信息是否体现出新的特质，然后再依次进行，直到当核心概念未再发现新的特质时，则停止收集资料。第三阶段共访问了七位老年志愿者。受访者基本情况见附录2。

本研究所称的志愿者，正如前面所界定的，包括正式的和非正式的。由于目前中国老年志愿者活动仍处于发展初期，很多个人或一些团体，尽管他们所参与的活动事实上就是志愿服务活动，但并未冠以"志愿者"或"志愿服务"等称谓，而这些恰恰是老年人参与志愿者活动的主要形式。因此，不论是否被称为志愿者，只要参与具备志愿服务特征的活动的人，都是本研究的研究对象。受访者的选取同样执行这一原则。

样本来源于北京市，主要考虑因素包含以下四个方面。首先，北京市经济发展迅速，社会事业完善，人们的社会参与程度高。作为首都，其独特的城市功能又进一步拓展了人们的社会参与空间。其次，北京市志愿者活动组织程度高，发展速度快，发展较为成熟，因此，志愿者的感受会更为全面而真实，受访者也能提供更为全面而真实的信息。再次，选择北京市，可以一览中国较高水平的老年志愿者发展情况。而其发展现状又是其他地区日后努力的方向。因此，选取北京市，不但具有代表性，还具有相当的前瞻性。最后，北京市人口老龄化程度已属全国前列，并已进入加速发展阶段，人口老龄化的挑战更为紧迫，因此，以积极的态度、采取积极的应对策略迎接人口老龄化的挑战，更能显示研究的实践价值。

三　资料的收集

采用质性研究方法进行资料的收集与分析，研究者亲自体验（参与观察）并记录老年人自然生活情景中的行为，重视老年人参与志愿者活动的内心感受和结果。质性研究实施前并不预设研究假设，而是将片段资料加以归纳，借以发现其关联性，探讨不同个体对于本研究所做的解释及认定，从而观察质性研究结果是否也能验证量化研究的结论。进行质性研究，研究者必须将情绪作用或价值判断排除在研究过程之外，采取中立立场，同时还需要具备一定的自省能力、敏锐的观察能力以及良好的人际沟通技巧。研究伦理在研究过程中是重要的一环，质性研究过程中研究者必须防范自己的言行给研究对象带来不利影响。尊重研究对象的意愿，观察受访老年人的反应，及时调整问题或改变提问方式，将研究目的和研究成果告知研究对象等，都是在研究过程中应秉持的伦理原则。

质性研究采用深度访谈法获取资料。采用深度访谈是为了深入了解研究对象所展现行为的背后的深层次原因、主观认知与经验看法。另外，在访谈过程中进行录音，以记录所有受访者的言谈，避免有所遗漏，便于在访谈结束后进行文字录入并整理成文字稿。

本研究所采用的资料收集工具是以研究者依据核心概念而设计的访谈大纲为主。在访谈当中依据访谈大纲进行深度访谈。整个访谈的方式则以半结构式的开放性问题为主。访谈大纲参见附录1。

第二节　老年人参与志愿者活动的动机

动机（motivation）是人类行为的驱动力，它是个人表现某一行为的意愿和内在的需求。当需求未满足时，会产生不安的紧张状态，驱使个体朝向环境中有关的刺激或目标有所行动。当需求得到满足时，内在心理不安状况解除，个体才会停止活动。因此，个人行为受到动机的影响。而许多实证研究也发现，个体参与志愿服务的动机，不但影响参与后的工作满足，同时也是组织或机构规划志愿服务的基础。[1]

本部分的动机特指老年人最初参与志愿者活动的动机，即受何种因素的影响而开始关注、接触并参与志愿者活动。在访谈中，志愿者解释其参与的原因是多样化的，但概括而言主要覆盖以下四种类型，即实现角色转变、实现自我价值、保持人际网络、履行社会责任。

一　实现角色转变

退休、丧偶等是人在老年阶段必然要面对的"丧失"事件，意味着老年人永久地丧失这些非常重要的角色及与之联系的活动和关系。[2]

---

① 曾华源、曾腾光：《志愿服务概论》，扬智文化事业股份有限公司，2003，第204页。

② Blau Z. S., "Changes in Status and Age Identification," *American Sociological Review* 2（1956）：198－203.

由退休、丧偶等重大的生活事件所引致的"真空"，需要有意义的事情来填补。活动理论的一个基本假设是，如果老年人能够保持原先的活动水平，就可以增进他们的健康，这个目的可以通过以一个角色取代另一个角色来达到。

受访者描述他们根据自身条件积极寻找志愿者角色，以适应退休给生活所带来的冲击。

> 因为我们都是退了休的，原来在工作上做得也不错，突然退下来，觉得在家待着也没什么意思，想多做点对老百姓、对大家有益的工作。（受访者8）

> 我有一个体会，退休以后，思想观念的转变很重要，有的同志就转变不好，退下来以后总觉得做什么都不合适，别扭，结果死了，所以，咱们吸取他的教训，一定要过渡，这个过渡还相当重要。（受访者6）

也有人把退休看作一个彻底的改变，例如，受访者5描述了其退休前后状况的变化。

> 退休以后的生活有另外一套规律，跟上班截然不同。上班追着你，没有节假日，很累，很辛苦。退下来就放松了，着重把身体搞好，所以就坚持每天锻炼身体。我喜欢干自己喜欢的事，我报了老年大学书法班，我喜欢书法。（受访者5）

退休给了他放松的机会，也使他享受到了和大家一起娱乐的乐趣，受访者5在社区教老年人太极拳。对于他而言，志愿服务也是一种休闲的形式。

对于部分老年女性而言，其退休前后的大部分时间承担着家庭照料者的角色，因而对退休并不敏感，也因此使她们并不能较早地参与志愿者活动。受访者 1 就是履行完照料责任以后才加入志愿者活动的。

> 刚退休我没有时间，那会儿看孙子，照顾老人。老人都有病，他们去世了，老伴也去世了……才参加志愿者活动，以前没有时间。（受访者 1）

对于那些履行完照料责任以后才加入志愿者活动的老年女性，也可以说她们是从照料的岗位上退休的，她们认为志愿服务活动是更有意义的人生阶段，而非照料者角色的延续。

> 那会儿就在家里，每天买菜什么的才能有机会出来，照顾老人和病人很紧张，现在出来参加一些活动感觉好多了，能和姐妹们在一起做些事，生活很有意义。（受访者 1）

相对于退休而言，丧偶更是一种恶性的负面生活事件，尤其是老年人，生活惰性大，更不易适应丧偶所带来的生活剧变，继而产生的抑郁情绪和孤独凄凉感难以排遣，常使健康状况急剧恶化。因此，对于丧偶老年人来说，无论是主动还是被动，参与志愿服务活动都对其尽快适应角色转变、调整角色行为、平稳过渡到有序的生活非常重要。

受访者 12 曾是一家医院保健科的医师。2001 年老伴去世后，她把自己关在房子里，谁也不理睬，孩子和亲戚想安慰她，她就说："你们别给我打电话，我跟什么都打交道，就是不跟人打交道……"

　　我差点就进了精神病院。那时候我特别敏感，看见别人小声说话就起疑心：是不是在说我呢？（受访者12）

　　不久后，"独居姐妹互助组"的组长带着司垫范来邀请她参加。受访者12说不参加。司垫范说："不成！你一个人在家干吗呢？不如出来做一点好事。"几天后，社区医院给社区老年人检查身体，司垫范发挥受访者12的特长，让她量血压。当社区老年人说"谢谢"的时候，她激动得流了眼泪："司大姐，你看，我还有用啊！"

　　在家待着就朽了，所以用自己的光和热做点贡献……像我吧，就是护士长找我来的。因为我那会儿也不愿意出来，跟家里待着，不是刚失去老伴嘛，心情不好。后来护士长①说你得出来，参加咱们志愿者活动，后来我就答应了。就出来了，就不能跟屋待着。（受访者12）

　　这种寻求新角色的过程，体现了老年人的社会化过程。它不是一种被动的转变过程，而是发挥老年人的自觉能动性的转变过程。角色转变的顺利实现能够使老年人更好地适应晚年生活，也能使老年人的社会功能得到发挥。

二　实现自我价值

　　"实现自我价值"的概念是美国心理学家马斯洛在其"需求层次理论"中提出的，是个人在社会发展中的最高需求价值，与志愿精神有着异曲同工之妙。在当今社会，参与志愿服务活动本身就是"我为人人、人人为我"高尚情操的具体体现，是人性最高层次的

---

① 受访者12提到的护士长（也是本研究的受访者14）就是司垫范。她于1985年获国际红十字会"南丁格尔"奖，退休后成立了爱心工作室，关于她的事迹媒体多有报道。

需求。

很多人在解释其参与志愿者活动的原因时都说是个性使然，认为参与志愿者活动并非为了成就动机和个人发展，而是认为帮助有困难的人是其天性，即是"热心肠"的表现，是"很自然的"事情。

> 我是个热心肠的人，愿意为大伙儿服务。（受访者4）

> 很自然的一件事情，国家的事情就是自己的事情，所以很自然，当然要干了。（受访者9）

在访谈中，一些受访者在表述中明确提到诸如"喜欢""快乐"等概念，呈现他们参与志愿服务活动的个性倾向性。这意味着在他们的心目中，志愿者活动中的奉献是一种快乐的奉献，能满足其某种个性导向的需求。做好事是善心和社会责任的体现，其实最根本的原因来自个性。受访者10"一生就喜欢干服务工作"，退休以后有了能使自己的"个性"继续充分发挥的机会，感觉十分满足，在接受采访的过程中，他一直乐呵呵的，发自内心的骄傲和快乐都写在脸上。

> 我就喜欢干这个，我这一生就喜欢干服务工作，没退休那会儿就喜欢干这个，工人退休就要发挥工人阶级的优势；另外，我也有这个特长，有这个条件。（受访者10）

> 喜欢，快乐，我的生活讲究快乐。（受访者9）

一些老年人参与志愿者活动需要引导和激励，而还有一部分则更可能受自身"需要"的驱动。如生活安排的需要，增强自信的需要，想发展兴趣爱好而丰富生活经历的需要等。而受访者11的"需要"就是"回报社会"和"充实自己的业余生活"，他积极投身志愿服务活动就是出于这样的原因。

> 一是我退休了，在家里又没有工作；二呢，自己还有一定的工作能力，身体条件还可以。那么出路在哪里呢？就在志愿者，把自己的知识回报社会，充实自己的业余生活。（受访者11）

三　保持人际网络

一般来说，老年人的社会网络是逐渐萎缩的，补偿社会网络萎缩的办法就是参加活动，通过活动，老年人能够认识更多的人。而且，根据 Rook 的研究，在参加共同的活动和承担有意义的社会角色并形成规律性的交往时，人们之间最容易发展成友谊。[①] 志愿者活动便提供了这样一个非常合适的促进社会参与和友谊形成的媒介和平台。受访者18就是通过这个平台来满足发展人际关系的现实需要的。

> 能多认识些人，多交些朋友。我自己待不住的。以前的朋友、同事都不怎么联系了，很不习惯，参加志愿者活动又认识不少人，我们关系都很好，在一起活动、一起聊天，有些难事大家互相出出主意。（受访者18）

社会网络的功能性视角认为社会关系能够提供情感、工具和回

---

① Rook K. S., "Facilitating Friendship Formation in Late Life: Puzzles and Challenges," *American Journal of Community Psychology* 19 (1991): 103–110.

馈性支持。[①] 重建友谊和社会网络对社会支持的获取是非常必要的。因为步入老年后，人们的社会网络将收缩，而且在他们孤独的时候他们的子女也没有时间和他们在一起。加入一个团体或组织可以为他们交到新朋友提供更多的机会，也能间接地提高他们的影响。

密歇根大学的学者研究表明：对因退休而失去的人际关系和活动机会得到最充分补偿的退休者是最满意的人群，他们最常从事的是为慈善组织当志愿者。[②]

四 履行社会责任

这一代老年人有着履行社会责任的强烈愿望，他们把参加志愿服务活动作为履行社会责任的一种方式。这种动机受其特有的成长、生活的社会历史背景的深刻影响，极具时代特征。

将当前一代老年人（60 岁及以上）按照 70 岁为界划分为两个群体。这两个群体的成长、生活的社会历史背景有联系但不尽相同，因此而形成的参与志愿者活动的动机存在一定的差异。

70 岁以上老年人履行社会责任更多地体现为"回报党恩"。对此，一些受访者表达得非常直接而强烈。他们出生、成长在旧社会，经受过旧社会的苦难。这部分老年人见证了新旧社会两重天的沧桑巨变，经历了中国共产党不断发展壮大的历程，深刻认识到"只有共产党才能救中国，只有共产党才能富中国"这一颠扑不破的真理。他们对党抱着一种朴素的"感恩""报恩"思想。想要根据自己的条件与优势，做点有利于党、有利于人民的事。受访者 6 已经 80 岁高龄，但 14 年来一直坚持在社区讲党课，在他的叙述中，流露出的

---

① Fitzpatrick T. , Gitelson R. J. , Andereck K. , and Mesbur E. S. , "Social Support Factors and Health Among a Senior Center Population in Southern Ontario, Canada," *Social Work & Health Care* 40 (2005): 15 – 37.

② 〔美〕厄尼·泽林斯基：《40 岁开始考虑退休》，董舸、马睿译，中信出版社，2004，第124 页。

是经历了新旧社会由艰辛而幸福后的肺腑之言。

> 我是党员，受党的教育这么多年，总要给党回报点东西吧，在这么多年党的教育培养下，退休了，生活好了，身体还行，那你为什么不干点事呢？所以干点事也是应该的，也是应该干点事……而且吃过苦，总是对党有一种报恩的思想，没有共产党就没有咱们，没有共产党就没有新中国，没有共产党就没有现在的生活，我们体会得特别深，对党的恩情体会得特别深，所以这在思想里也是个动力。（受访者6）

他们由切身的经历出发，经过新旧社会的对比，从而由衷地热爱国家、热爱共产党，将这种感情融入实际行动中以回报党的恩情。

> 这是我半年前就想好的事情（十七大召开之际，交1.7万元特殊党费）。从一个孤儿、穷小子，到今天有这么好、这么幸福的生活，我不能忘记党的恩情。作为一个老党员，我要用实际行动表达对党的感谢和热爱。[1]

1940年，当时只有14岁的张杰投身革命，1948年加入中国共产党。他先后参加过抗日战争、解放战争，现在则享受着生活富裕、家庭和睦的幸福的晚年生活。苦出身的张杰老人觉得今天的一切都得益于党的正确领导，一直以来，他都对党充满着深厚的感情。这几年，他的收入增加了，但生活依然简朴，可每次为希望工程、灾区居民捐款时，他都踊跃参加，慷慨解囊。离休后，张杰也闲不住，常年为公司机关义务分发报纸，还组建过老年京剧队。多年来，张

---

[1] 《特殊党费　回报党恩》，人民网，http://cpc.people.com.cn/GB/104019/104922/6402419.html？ol6f，2007年10月9日。

119

杰一直用实际行动表达对党的热爱和忠诚。

受访者 20 退休后不忘教育事业，带领一批志同道合的社区志愿者白手起家，创建了北京首家街道级老年学校。从无教室、无师资、无固定教学内容的"三无"状况发展到今天，学校教室面积百余平方米，常年设有书法、绘画、装裱、古典文学、诗歌创作等固定教学科目，累计学员 2400 余人，成为北京市东城区小有名气的一所老年学校。老人已近 90 岁高龄，仍坐着轮椅坚持到校讲课。"报答党恩"的信念也是她一生奉献的动力。

> 年轻时我生活非常坎坷，从小没父母，我作为人民教师，受党的培养，我才能有为人民服务的技能。但是怎么样来报答党和国家给我的恩情呢？我觉得一个人退休不能退志，不单我这样，我也要影响我周围的人。（受访者 20）

70 岁及以下的老年人的参与动机则侧重"履行党的宗旨，奉献社会，发挥余热"。这部分老年人没有太多旧社会的经历，但是在社会主义建设时期，毛泽东所倡导的"全心全意为人民服务""大公无私""毫不利己、专门利人""艰苦朴素"等思想得到大力弘扬，形成了那个时代人民群众尤其是共产党员的道德规范，并内化为自己行动的意向和决心。在新时期，他们赋予了党的宗旨新的含义。

> 作为一个党员、老党员，做这些工作是应该的，是分内的，党员就是志愿者，从党来说，严格要求自己就是志愿者。（受访者 5）

> 作为我来讲，受老传统教育，我是 1965 年入的党，在毛泽

东时代入的党，我们这些老党员，说实在的，愿意发挥余热。觉得为大家做点事，咱们心里高兴。（受访者1）

全心全意为人民服务和无私奉献的精神境界已然内化为那一代人的整体人格要素，使他们在进入老年以后，仍然心系党的工作和人民的事业，怀着继续参与社会发展的强烈愿望。

党员，党章里面规定了，必须要全心全意为人民服务，不惜牺牲个人的一切，那你想做到这点你要怎么做？就是要有牺牲精神，这是你应尽的义务，要把这作为一项责任，不是说干或不干都行，不干你就不合格。（受访者10）

我就觉得退休了，作为一个党员啊，就是一个宗旨全心全意为人民服务。只要身体行，我就愿意奉献，我就愿意干事，反正身体还行。（受访者13）

更重要的原因是自己是个共产党员，就应该全心全意为人民服务。（受访者15）

给人办点实事，我觉得老百姓就需要办实事的，说空话没用。"三个代表"说代表群众利益，那咱们怎么代表呢？给群众干点事比什么都强，什么利益不利益的。（受访者10）

特定的时代背景，使这一代老年人呈现如下特征：①这一代老年人对新中国、对社会主义、对中国共产党怀有深厚的感情，相当一部分人有新旧社会对比的感性认识；②这一代老年人接受马列主义、毛泽东思想教育多，其中不少人对共产主义的信念坚定不移；

③这一代老年人走过曲折的道路，他们损失的年华最多，他们希望有所作为，给社会主义大厦添砖加瓦的愿望最强烈。这种时代特征使老年人表现出忠于祖国、拥护共产党领导、热爱社会主义事业的思想感情以及全心全意为人民服务和无私奉献的精神境界。

履行社会责任的参与动机在共产党员身上体现得更为深刻。现在，中国的老年志愿者队伍处于逐步发展壮大的阶段，在初始阶段，有组织的志愿者队伍就是以社区居委会为依托的社区党委成员，通过发挥党员的先锋模范带头作用来促进老年志愿者队伍的进一步发展。

第三节　老年人参与志愿者活动的价值效应

对于志愿者活动所产生的价值，以往的研究已展示了非常丰富而厚实的成果，但由于这些成果多采用定量研究方法获得，其观点缺乏来自当事人自身体验材料的支撑。为了弥补已有研究的不足，本研究将通过对深度访谈资料的分析，从志愿者自身的角度来对老年人参与志愿者活动的价值效应进行探讨。

志愿者活动的价值既包括对志愿者自身的价值，也包括志愿者活动所产生的社会效益。

一　对志愿者自身的价值

老年人参与志愿者活动为其带来了多方面的积极影响，这些影响也是激励老年人对志愿者活动持续性参与的主要因素。

前文的文献回顾非常充分地证明了志愿者的经历给老年人的健康带来了非常积极的影响。根据受访者的讲述，可以把参加志愿者活动对其自身所产生的影响概括为生理健康状况改善、心理健康状况改善和促进认知发展。尽管本研究采用深度访谈获取来自当事人自身体验的经验材料，受访者健康变化方面的信息均属主观感知，属自评健康变化的指标范畴，但是国外学者对自评健康的研究表明，自评健康可以综合反映健康状态的主观和客观两个方面，是死亡风险以及功能衰退的一个很好的预测指标。国内学者的研究也认为自评健康与躯体健康状况等客观指标有良好的一致性。[①] 因此，对健康状况的自我感受能够很好地体现参与志愿者活动对老年人的真实影响。

另外需要强调的是，老年期是丧失期，志愿者活动对促进老年人适应丧失有积极的效应，虽然在内容体系上和因果关系上有不相一致和重叠的地方，但本部分还是将"实现角色转变"单列讨论，作为志愿者活动对老年人所产生的改善心理健康状况、增进生理健康水平之外的另一个积极影响。

（一）改善心理健康状况

在访谈中，受访者对于志愿者经历给他们的心理和认知方面所带来的变化流露出更多、更直接的欣喜和满足。通过参与志愿者活动，老年人在为社会发展做出自己贡献的同时，也满足了自己奉献热情的迫切需求，在心理上获得了成就感。

受访者 8 是个手工编织能手，她在社区组织了编织社，吸引了许多老年女性参加，她手把手地向学员们传授编织技艺。该受访者认为这个活动意义重大，无论是她本人还是其他参与者，都从中收获了满足和快乐。

> 一些老太太都在一起编，一个是大家喜欢干这个，另外大家在一起可以交流沟通，以前不认识的通过在一起编织也就认

---

① 谷琳、乔晓春：《我国老年人健康自评影响因素分析》，《人口学刊》2006 年第 6 期，第 25～29 页。

识了，有点什么事互相聊聊，挺开心的，有的老太太在家里挺孤单的，出来在一起挺高兴的。（受访者8）

Hunter 和 Linn 研究显示，志愿服务有助于培育和提升人们的"有用"感和"自尊"感。[①] 来自受众、同行或组织的积极评价能唤起志愿者更高的参与热情。承认、肯定和钦佩等这些来自志愿服务的益处尤其适合老年人，因为随着主要角色的中断，他们普遍会感到"无用"，呈现消极的自我形象，而参与志愿服务则使他们能够产生"有用"感和重要感，从而对其心理健康产生积极影响。受访者5的两个"欣慰"意味深长。材料1的案例也充分证明了这一点。

作为生活区这个特殊的环境，一家一单元，老死不相往来。我教太极拳，还做社区党支部工作，接触居民多，相互也都认识了，小区绝大部分人都认识我，也算有一定知名度吧，大家见面都叫我"郎老师，郎老师"，很欣慰。（受访者5）

材料1：

1994年6月太太忽然中风，身体半身不遂、不省人事，非常严重。于是我便放弃工作，每天一早跑到医院陪伴她、服侍她、安慰她。当时她所有的活动能力全部失去，像婴儿一样，由物理治疗师指导她重新学习如何活动。太太在医院住了两个月，出院时勉强可以步行，但她的身体仍然留下了很多残缺，左手又失去了知觉，日常生活都不能自顾，自信心全部失去了。她对我说："我还有什么用呀！只是给你负累，今后我都唔知怎样做人了。"

---

① Hunter K., and Linn M., "Psychosocial Differences Between Elderly Volunteers and Non – Volunteers," *International Journal of Aging and Human Development* 12（1980）：205 – 213.

　　我听了非常难过，真不知该如何安慰她。幸好在我楼下成立了一所"香港基督教女青年会秀群松柏社区服务中心"，我便带她一同加入中心做会员，让她多认识些朋友，又劝服她和我一起做义工。

　　……

　　无论做什么义务工作，我和太太都是一起去做的。她做了义工后，认识的朋友多了，活动能力逐渐增强，自信心亦回来了。她曾对我说："伯爷公，原来我还有些用的，可以去做义工，付出一点爱心，去探访有需要的人。原来我们社区有好多人比我更需要别人关心。我都有你照顾，他们却孤独一个人，有事时哪里有人援助呀？"我回应说："现在有我们义工定期探访他们，又有电话联系，又推介他们装平安钟，总算求救有门，可以放心些了。"从此太太日日都开心欢笑，陪着我一起去做义工。

（摘自《义工力量——香港基督教女青年会》）

　　多参加些活动，了解一些信息，心情愉快。在家里、出来，就和老伴两个人，社会面就不广，通过参加一些活动，开阔了视野。自己的工作也是对社区的一份贡献，通过自己的工作解决了一些问题，比如教太极拳，我都教会了，自己也觉得欣慰。（受访者5）

　　志愿精神已被证明与提高士气和自尊密切相关。[①] 通过志愿服务增强自尊，重构正面形象，培育自信，它以此对志愿者的心理健康

––––––––––––––––

① Midlarsky E., and Kahana E., *Altruism in Later Life* (Newbury Parks, CA: Sage Publications, 1994).

状况产生积极影响。对于自尊和自豪感不足的个体，志愿服务使他们增强自尊和自信等，在提升心理健康方面可以产生较大的影响，因为他们有被欣赏和提升信心的强烈需求。受访者16这样表达他在参与志愿服务前后的心理变化。

> 以前没事干，整天在公园溜达，消磨时光，自己也觉得很没意思，很失落，觉得老了，退休了也就没有用了。现在好了，很忙，参加不少活动，也组织活动，大家都围着你转，觉着能为大家伙服务，挺高兴的。（受访者16）

受访者16的变化也反映出社会角色的状态及其转变对老年人的身份认同是有显著影响的。

许多参与志愿服务的人表达了更多的生活满意感和满足感。老年人如果一味在家修身养性，容易产生寂寞和空虚之感。做了志愿者后，就和以前工作时一样，有了一个生活的支点。积极投身志愿服务工作，可以使老年人感到生活充实，精神饱满。

> 我感觉我不是越来越老了，越来越不行了，我感觉通过自己的努力我还行，我不服老。人就要活到老学到老，不能说我老了就倚老卖老。通过退休后参加这些活动，我受益匪浅。（受访者7）

> 最大的收获就是开心，通过服务和大伙打成一片，不分彼此。咱不图别的回报，就图心情快乐，一天生活感觉挺充实的。（受访者11）

使命感和归属感也是参与志愿者活动的重要收益。志愿者会感觉到他们找到了生活目标。受访者 6 坚持 14 年不辍，在社区讲党课，就是这种他"也说不清楚是什么"的使命感在激励和推动着他。

　　14 年讲党课对我来讲是个很好的学习机会，也是我回报社会的一个途径。你让我天天不看报、不读书那是不行的，我每天四点半就起床看报，至少看三个小时，老伴睡醒后我开始做早点，已经成为习惯了。在思想里有一个推着你往前走的东西，你也说不清楚是什么。（受访者 6）

　　老年人成为志愿者后，可以与许多人共同交流、互相学习，扩大生活空间，从而提高认知水平。特别是一些有组织的计划和活动，为志愿者接触和掌握新的技能和知识提供了难得的机会。

　　最大的收获是广交朋友，参加志愿者活动，心情特别开朗，接触的各方面的人都有，也是为人民服务，为老服务，别人也挺感谢你的。感觉挺高兴的。（受访者 13）

　　自己有了一个活动场所，对自己也是个锻炼，比如我当这个书记，社会面就广了，我可以参加北京市里、区里的讲座、学习、运动会，比你坐在家里好多了，你待在家里谁叫你呀。活动多了，增长见识。（受访者 3）

　　大家在一起聊聊天，知道点国家大事挺好的。要是自己在家，就什么都不知道。有时候开个会，领导给说说这事那事，我们就知道了，心里就特别痛快。（受访者 1）

　　开始我不懂英语，一窍不通，现在学会了不少日常用语。

（受访者7）

在从事志愿服务的过程中，志愿者能够对他们的能力和弱点有较好的认识和了解，因此，志愿服务对老年人而言，无疑提供了一个认识自我的平台。

对性格有所磨炼。我的脾气不行，原来在单位，许多工作都是我说了算，可是现在我在社区里做志愿者，你不能自己说了算，好了赖了你都得听着看着，为了服务你就得这样。（受访者2）

（二）增进生理健康水平

与对心理和认知方面的影响相比，受访者对参与志愿者活动对生理所产生的影响谈及不多，基本上是一带而过。

锻炼了身体，也磨炼了意志……（受访者7）

干一些力所能及的事，对自己的身体也有好处。（受访者2）

究其原因，一方面是认为参与志愿者活动有利于身体健康，是很自然的事情；另一方面就是强调心理和认知。这两者都对生理健康有着积极的促进作用，也体现出老年人退休以后，有着迫切的参与意识和强烈的心理需求；再就是相对于心理和认知，人们对身体状况变化的感知并不十分灵敏，毕竟病兆的产生是隐性而不以人的意志为转移的。但身体的灵活性是最能够直接体现出来并被感知的，而且在活动中，不间断地领会社会信息和生活情趣，可促进思维正常运转，增加脑细胞活力。

……增加了活力，你让我天天不看报、不读书那是不行的，我每天四点半就起床看报，至少看三个小时……尤其是脑子，越用越灵活，身体的活力也增加了。（受访者6）

常搁家里待着，腿都不打弯了，现在几乎每天有事，倒不觉累，反而觉着身体很轻快。（受访者4）

气色能集中反映一个人的健康状态和他（她）的精神面貌，是一个人由内而外散发出来的生命活力的体现。从受访者12的气色变化能够看出，参与志愿者活动使她从丧偶的打击中走了出来并获得新生。

那我改变可就大了，我那会儿吧，快成了那什么了，不出屋，不下楼，整个就封闭起来了。想不开。那会儿那心情啊，没法说，像什么都失去了似的。因为居家过日子我不管，都是我们那口子管，把挣的工资都交给他，他管家。以至于我们孩子大人穿的衣服什么的都是他买，买什么样就是什么样，那会儿也不讲究。后来他走了以后，我自己过日子，我又不是特别会过，孩子帮着我过，挺困难的。在家里待着也不想出去，也不想见人，谁都不想见，谁也不想理，多热的天我都在屋里待着，心里头说不上什么滋味儿，这一段时期不是特别好过。慢慢习惯了以后我才出来，以后她们都说我胖了，我现在140斤了。我一到我们医院，医院人都说我，我那会儿净住院，老犯心绞痛，他走了以后，我就拿这医院当亲戚家似的，黑天白夜打车往医院跑。我们医院有病房，有时候给医院打个电话，就把病房给安排好了。去了以后就急救，吸氧，做心电图也不正常。还有一回就背过气儿去了，什么都不知道了，抽起来了。

黑天白夜的，也是他们给我救过来的，我挺感谢他们的。这出
来以后（指参加志愿者活动）精神状态也好了，病也好多了，
现在就是增加了一个高血压，但是我吃药一直控制得不错。所
以到我们医院他们说我的脸色挺好，精神也挺好的。

原来我的脸色都是黄的，现在是不是红多了。我也不太清
楚，那会儿也不洗澡也不洗脸的，现在呢，自己也给自己弄得
干干净净的了……后来我就想，怎么会这个样儿啊？这是一个
过程，不是挺好过的。这过程过来了。我老以为我活不到现在，
因为那会儿老有病啊，老往医院跑。（受访者 12）

（三）实现角色转变

志愿者活动被认为是"能够克服来自老年期的角色丧失，如丧
偶和退休所产生的社会脱离的为数不多的切实可行的选择之一"。①
之所以如此，是因为志愿者活动能够使老年人顺利实现角色转变，
从而适应晚年生活。

对于老年女性来说，丧偶是典型事件之一，因为总体上女性比
男性寿命更长。中国第五次人口普查数据显示，2000 年中国丧偶老
年人为 3800 多万，占老年人口的 30.36%。随着人口老龄化的加剧，
丧偶老年人规模还在不断扩大。因此，进行心理调适，使他们尽快
走出丧偶的阴影是社会和丧偶者本人都应该关注的课题。

受访者 12 通过参加各种有意义的活动，得到朋友们的情感支
持，较好地适应了这种转变。参与志愿者活动后，她通过与新朋友
建立社会交往关系，克服了困难，并找到了自己的兴趣；通过帮助
别人，体会到了自己对社会的意义和价值，建立起自信自尊；好姐

---

① Krause N. , Herzog A. R. , and Baker E. , "Providing Support to Others and Well – Being in Lat-
er Life," *Journal of Gerontology* 47（1992）：300 – 311.

妹们的帮助使她走出困境，获得了新生，感觉到社会生活的美好，从而更热爱生活、热爱生命。

受访者12的案例不是偶然。Mcintyre 和 Howie 的研究也证实了同样的结论。即参与有意义的活动，特别是在邻居和朋友的陪伴下，能帮助老年女性更好地适应独居，并过上有意义的生活。[①] 受访者12的案例形象地体现了他们的理念。

同样，参与志愿者活动也有助于离退休老年人实现角色的转变。老年人退休后由于原有社会地位与工作角色的丧失，社会活动力降低，人际关系改变，造成心理的孤立，产生被社会遗忘的感觉，对生活缺乏信心，有悲观失望的情绪。因此，他们迫切希望以另一种角色融入社会，以此来排遣孤独与寂寞并受到重视。而通过志愿服务活动的参与，一方面扮演着一种替代性的、有意义的社会角色，建立新的人际关系，以满足社会互动的需求；另一方面则通过服务人群，将其智慧与经验贡献给社会，增进了老年人的社会归属感、自我价值与自尊心。

二　社会效益

探讨老年人参与志愿者活动的社会效益，首先要了解老年志愿者所从事的活动。前文通过网络所获得的相关资料能够使我们对中国当前老年志愿者活动的状况有所认知；通过访谈对其活动内容以及志愿者的社会贡献加以了解，对老年志愿者活动所产生的社会效益的认知更为直观而深刻。

（一）完善社会功能并创造有形的物质财富

老年人参与志愿者活动弥补了政府和市场的某些缺位，已成为

---

① Mcintyre G. , and Howie L. , "Adapting to Widowhood Through Meaningful Occupations: A Case Study," *Scandinavian Journal of Occupational Therapy* 2 （2002）: 54 – 62.

政府服务与市场服务的重要补充，提高了社会的运行效率。受访者 5
和受访者 10 所从事的活动或工作，都是政府目前无力涉足而企业又
无心涉足的领域，而这些领域所产生的问题和矛盾恰恰是影响社会
健康发展的主要因素。

> 通过我们的行为带动影响周围的群众，化解邻里矛盾，开
> 展关爱老弱病残的活动，通过家访了解 70 岁以上高龄老年人的
> 身体生活状况。（受访者 5）

> 退休后，组建了二龙路社区马广明便民服务队。免费为居
> 民修理电器，还为社区里三位行动不便的老年人和一名智残儿
> 童每月定期上门理发、检修三轮车等。（受访者 10）

另外，老年人参与志愿者活动创造了有形的经济效益。老年人
通过志愿者活动贡献的是经验、技能、智慧和热情，对其价值进行
货币性计量并非易事，然而，仍然有很多研究做了这方面的工作。
一项澳大利亚的研究指出，该国 65 岁以上的老年人每年通过无偿照
料和志愿服务活动，贡献了相当于 390 亿美元的经济价值，如果将
55 ~ 64 岁年龄组也计算在内，这一贡献将增加到 745 亿美元。[1] 在
美国，老年人每年提供志愿服务总计达 360 万小时，估计相当于 153
亿美元的生产性收入。[2] 可见，志愿者活动虽然不属于直接的经济活
动领域，但是所产生的经济价值是巨大的。中国虽然还没有相关的
计量结果，但无论如何，以志愿精神为动力而集合起来的组织及其

---

[1] De Vaus D. , Gray M. , and Stanton D. , "Measuring the Value of Unpaid Household, Caring and Voluntary Work of Older Australians," (paper represented at the International Social Security Association Fourth International Conference on Social Security, 2003).

[2] Fischer L. R. , and Schaffer K. B. , *Older Volunteers: A Guide to Research and Practice* (Newbury Parks, CA: Sage Publications, 1993).

活动，确实会对中国的经济做出一定的贡献。

　　除从社会劳动的角度所产生的经济价值外，老年人因参与志愿者活动而带来的健康状况的改善所产生的价值也不容忽视。

　　老年人参与志愿者活动所产生的显著的健康福利带动了社会整体健康和活力水平的提升，因此在减少长期照料的需求和照料时间方面有着非常大的潜力，直接减少了国家和家庭在卫生保健和照料服务上的费用。这个积极的结果是十分明显的。关于这一点，国外的实证研究已有明确的结论。以美国为例，降低病残率可使未来50年的医疗开支减少20%左右。据统计，投资1美元鼓励中等强度的工作，能产生节约3.2美元医疗开支的经济效益。[①] 访谈中，受访者朴素简洁的表述也揭示了这一意义。

　　　　感觉当志愿者生活得特别快乐，为国家省了医药费，从个人角度来讲呢，不受罪。（受访者15）

（二）融洽了社区关系，培育了居民的社区归属感

　　随着城市建设的快速发展以及受住房制度改革和人口流动加剧等因素的影响，城市传统"单位型"社区、"熟人"社区逐渐演变成为"多元化"社区、"陌生人"社区。社区构成发生了变化，新社区主要由陌生人构成，邻里之间互不相识，心理上不亲切，互动也不多；老社区里也住进了许多外来流动人口，他们进入社区后形成了陌生群体，没有太强的动力和热情与社区里的其他群体进行交往。这些因素使邻里关系变得更加疏远。

---

① 赵宝华：《老龄工作——新范式的探索》，华龄出版社，2004，第94页。

材料2：

徐文彦今年42岁，是个身高仅有1.2米的侏儒症患者。四年前，丈夫在建筑工地干活时，因事故成了高位截瘫。"以前生活困难时甚至想过全家人一起自杀。社区里的老年志愿者服务队了解情况后，主动帮我们联系办理了低保，他们还给孩子学校积极反映，减免了孩子的学杂费。"8月13日上午，在聊城市东昌府区新区办事处新世纪社区，居民徐文彦感激地对记者说。

在新世纪社区，活跃着一支特殊的志愿者队伍，由81位离退休老同志组成，其中有77位党员，平均年龄68岁。"新社区刚成立时，大家互相都不认识。当时社区里管理不规范，垃圾成堆，自行车偷盗现象也时常发生。热心人王学祥、魏绪芬看到后就主动站出来帮着居委会做工作。后来，越来越多的老年人加入进来，形成了今天的规模。"新世纪社区党支部书记支海洋告诉记者。

…………

"别看这里面都是些鸡毛蒜皮的小事，每个求助的背后都有一颗急切的心。为居民排忧解难，让他们满意，才能真正营造出和谐的社区氛围。"支海洋说。现在，居民都习惯了一有事就找老年志愿者服务队，就因为他们"说话"管事。

"以前，一到假期我就头疼。我和爱人都要上班，没人照看孩子。孩子又淘气，不是砸了人家玻璃，就是吵了人家午休。自从进了假期活动班并被选为班长后，孩子变得有责任感了，组织小朋友学习、打乒乓球，他还被评为'文明小居民'。这让我省心不少。"说起自己儿子的变化，居民王东华抑制不住心中的喜悦。原来，老年志愿者看到中小学生放假后无人看管的情况，就在居委会的帮助下成立了一个"托管班"，免费照看孩子……并将孩子们在假期的良好表现反馈给学校，形成了学校和社会教育的良性互动。

（资料来源：《老年志愿者乐为居民办"小事"》，http://news. sina. com. cn/s/2007 - 08 - 21/080012420775s. shtml，2007 年 8 月 21 日。）

老年志愿者活动使居民之间建立了密切的关系，互动频繁了，加强了感情的交流与沟通，志愿服务的提供也为社区居民建立了一定的社会支持网络，使社区居民尤其是弱势群体得到了关怀和照顾，提高了居民的社区满足感，从而有助于提高居民的社区归属感。材料2展现了老年志愿者活动对培育社区归属感所产生的积极而巨大的作用。

受访者14为子女常年不在身边或老伴去世的老年人成立了"独居姐妹互助组"。

平日聊天解闷，生病了互相照顾。孤寡老年人患抑郁症的在增多。老姐妹之间建立联系，不光让她们在生活上互相照顾，也希望她们多出门聊天谈心。想不通的事情大家一劝就解决了。（受访者14）

受访者12就是"独居姐妹互助组"的成员，同时她也是"一帮一"活动的帮扶服务提供者，从中她体会到付出的快乐和得到回报的欣慰。

我还参加姐妹组（独居姐妹互助组），姐妹组都是没有老伴儿的，这是另外一个组织，我们就叫姐妹组。我们姐妹组如果谁要是有病了，我们到家看去，不管晚上白天。姐妹组里还有"一帮一"的活动。我帮一个大姐，她快80岁了，拄着双拐，有时候天儿不好了给她买点菜，而她也给我买。春节的时候给我送点心来，还给我做了一双拖鞋，做得特别好，我挺感动的。我现在也不穿，留着了，舍不得穿。你说那么大年纪了，我特别心疼，我一说跟外边值班呢，她就拄着双拐上外边看我来了，多热啊是不是？

反正我们的生活挺丰富多彩的，要是这姐妹之间要想了，就晚上没事打个电话，互相问候问候，我那些姐妹都挺好的，她们都在默默无闻地做工作，都做得挺好的。反正我就是受她们的感染。（受访者12）

这种胜似亲情的互助和关爱，给人一种如沐春风的暖意，冲淡了城市社区那种"躲进小楼成一统"、邻里之间"对门不相识"甚至"老死不相往来"的隔阂和陌生感。

老年志愿者在解决疑难问题、化解邻里矛盾上也倾注了极大的热情和心血。受访者18讲述了他牵头解决的一个难题。这个问题的解决极大地融洽了社区的居民关系。

停车特别困难，好多人有汽车没地儿停，车主弄不好就打架，把保安门卫室砸了，完后保安把他们汽车砸了，打了好多次架。后来我们义工就看到了，说不行，这样大家上班会心情不舒畅，上了一天班很累了，回家又没有地儿放车，停车困难，老想着这个事儿，小区还让交钱。后来我们想，义工组织起来，把车管好。开了好多次会，就是义工开的会。第一个，你有家就有车，有车就有位，有位不收钱。这是上年啊，我们最好的义工做的这些事。我们划了二三百个车位，每户一个车位，这样的话，大家都很满意，年终的时候提了好多意见，我们搞了一个试点，还挺成功。

过去净为车的事打架，没地儿大家不踏实，下班抢地儿，早回去，要不然没地儿啦。现在呢，每个人都有车位。义工钉桩子画线都弄好了，解决了停车难问题。大家互相帮助解决了很多问题，你车门没关我提醒你，你玻璃忘了摇上去了，车哪儿坏了……好多例子，特别好，大家关系特别好。另外地上也干净，过去地上烟头儿乱扔，现在干净极了，很少打扫卫生。这些车友之间关系都特别密切，特别好，交流经验，怎么节约油、怎么遵守交通规则，都挺好。（受访者18）

老年志愿者活动深入社区生活的方方面面，成为无形黏合剂，增加了邻里亲近感。一批有特长、有能力的退休老年人主动挑起"大梁"，组建义务服务队和各种群众性社区文化和服务小组，为家庭邻里沟通架设了情感桥梁。同时，老年志愿者活动在社区的开展，也使本应该由家庭承担的责任通过社区来加以分担，满足了家庭多方面的需要，缓解了家庭压力，使家庭对社区有了归属感和信任感。帮助调解家庭纠纷，帮助照看病人，帮助教育孩子，帮助料理丧事，这种看起来平凡琐碎的服务，对于社区的和谐发挥了非常重要的作用。

（三）有利于化解矛盾，促进社会稳定

很多老年志愿者在社区是德高望重的人，他们讲的话句句在理，居民容易接受，加上他们时间充裕，常在社区里走动，很容易及时发现问题，大大减轻了我们的工作压力，在政府和居民之间发挥了减压器的作用，为维护社会稳定做出了很大贡

献。（洪城巷社区居委会主任何敬英）

社区居委会承担的政府事务性工作多，社区干部很难从繁杂的事务中抽出时间去倾听群众呼声、服务居民群众、开展居民自治。用居民的话说就是"下不去"。而志愿者活动恰恰是与社区民众直接接触的，他们承担了居委会大量看似琐碎却又非常重要的工作，真正为群众解难题、办实事、做好事。他们的行为感化和带动着更多的居民参与，并由此推动着政府有关政策的制定、完善和实施。

> 通过我们的活动可以把老百姓的意见传递上去，也能把国家和政府的精神传达下来，志愿组织起来范围就大了，影响也大了，这是一个渠道。（受访者3）

志愿者活动是广大民众利益表达的有效途径之一。志愿服务可以作为国家和社会公众之间的一种媒介物或双向传送带，在一种乐观的场景中，通过传送民众中各个不同群体的需要和表达他们的利益诉求，从而有利于改善民主政体的运作，推进国家和社会公众之间的政治沟通。在这一方面，老年志愿者活动的功能更为强大。

与青年志愿者服务一般是大型的、担负急难险重任务的以及志愿服务整体上缺乏持续性的特点相比，老年志愿者活动更是一项事业。老年人以其所具有的时间、经验和心理优势，以及强烈的社会责任感和高度政治觉悟，将志愿者活动开展得更深入、更扎实。像社区志愿者，他们活动在社会的最基层。"银龄行动"志愿者深入最困难、最贫困的地区，关注民众意见最多、矛盾最突出的领域。因此，他们比较了解社会各阶层的问题与需求。这样，一方面可以通过志愿服务，将国家政策传达给社会公众；另一方面可以广泛搜集、获取社会公众对国家政策的态度与看法，并形成反馈意见。从这个意义上说，志愿者活动可以成为政府与公众相互沟通的媒介，通过引导和处理各种不同的要求与对社会产生一种约束性的效果，可有助于缓解作为一个（不同程度的）统一机构的国家和作为原子化个人集合体的公民之间的基本矛盾。[①]

第四节　老年人参与志愿者活动的制约因素

老年人参与志愿者活动是一个与多种因素相互联系的范畴，理所当然地要受这些因素的制约和影响。研究发现，制约和影响当前老年人参与志愿者活动的，一是能力因素，二是心理因素，三是社会因素。为什么有些老年人一向不乐意参加志愿者活动，而有些曾经参加过却中途放弃了？对于这个问题，在实际调查过程中我们发现，非志愿者不参加的原因与志愿者所反映出来的"参加志愿者活动应具备的条件"有相通之处。因此，通过志愿者和非志愿者观点相互印证，得出如下结论。

一　身体状况与心理的约束

多数研究皆支持越健康者越倾向投身于志愿者活动。[②] 这是因为

[①] 何增科：《公民社会和第三部门》，中央编译出版社，2000，第71页。

[②] Caro F. G., and Bass S. A., "Receptivity to Volunteering in the Immediate Postretirement Period," *Journal of Applied Gerontology* 4 (1997)：427 – 441；Fischer L. R., Mueller D. P., and Cooper P. W., "Older Volunteers：A Discussion of the Minnesota Senior Study," *The Gerontologist* 2 (1991)：183 – 194；Choi L. H., "Factors Affecting Volunteerism Among Older Adults," *Journal of Applied Gerontology* 2 (2003)：179 – 196；Bowen D. J., Andersen M. R., and Urban N., "Volunteerism in a Community – Based Sample of Women Aged 50 to 80 Years," *Journal of Applied Social Psychology* 9 (2000)：1829 – 1842；Gallagher S. K., "Doing Their Share：Comparing Patterns of Help Given by Older and Younger Adults," *Journal of Marriage and the Family* 56 (1994)：567 – 578；Danigelis N. L., and Mcintosh B. R., "Resources and Productive Activity of Elders：Race and Gender as Contexts," *Journal of Gerontology*：*Social Sciences* 4 (1993)：192 – 203.

个人的健康是所有社会活动或生活自理行为的基础，其所代表的个人身体能力是很难被其他资源取代的。一如身心障碍者，虽然可以由其他辅助工具来降低身体机能损伤所带来的对社会生活行动的限制，但终究无法完全取代原有的身体机能。对志愿服务这一偏向劳动型的工作而言，身体的健康程度将影响个人是否参与以及对该活动投入多寡的可能性与范围。如受访者16，有参与志愿者活动的意愿，但由于身体状况较差而无法成行。

> 身体不行，血压高，腿也骨折过，腰也骨折过。主要是身体不行，不能参加志愿者活动。挺羡慕人家的，也想为社会做点事，但身体不行。（受访者16）

受访者4有一定的组织能力，对志愿服务工作也十分热心，但担心因为"身体不行"而"耽误事"，不得不放弃一些职务的安排。

> 我本意是愿意参加的，我在单位也愿意热情为大家服务，但是身体不行，给我安排的小组长等我都推了，因为身体不行，耽误事。开始我就和主任说，我是个热心肠的人，愿意为大伙服务，但是有时候来任务了，身体不行会耽误事，在我身体允许的情况下，绝对不会落后，但是你别给我安排职务。（受访者4）

受访者5和受访者7都是"老志愿者"了，在访谈中被问到"参与志愿者活动应具备什么条件"时，都认为身体好是最基本的条件。

> 身体条件得不错，自己还照顾不了自己，还参加什么志愿者？（受访者5）

首先要有一个好的身体。（受访者7）

事情的另一面是，尽管受访者16的身体状况较差，但"没什么大毛病"，活动能力还很强，但是为什么选择"不参加"呢？

我们这离天坛公园近，每天早晨上那儿去遛一圈回来，就没什么事了，再做做家务，一天就过了。（受访者16）

也就是说，像受访者16，完全可以选择参加一些力所能及的活动，毕竟社区里其他参与活动的同龄人也都是量力而行，而他们的身体也未必没一点毛病。材料1中的主人公的太太身患半身不遂，几乎丧失自理能力，但仍然在志愿服务活动中找到了自己的位置，实现自己的价值。受访者16有条件参加，也表示出参加的意愿（访谈回放：挺羡慕人家的，也想为社会做点事，但身体不行），同时也受到参与志愿服务活动的姐妹们的感染。没有参加，可能的解释就是她已经习惯了已有的生活模式，或者对志愿者活动不感兴趣。但在访谈中，表达了明显的参与意愿，这可能与当时访谈方式的安排有关。我们委托社区居委会主任帮助联系受访者，出于场地紧张和访谈员较少等原因，不得已采取集体访谈的形式，而这就必然会影响到受访者尤其是作为非正向价值的对比一方，其提供信息的真实性难以把握。在本研究中，我们所联系到接受访谈的非志愿者较少，原因也在于此。一些社区居委会主任直言相告："找志愿者可以，谁做了好事也乐意说说，没做事的，我们不好联系人家，他们肯定不会来，来了说什么呀？"因此，本研究在进行过程中所显示出的最大缺陷就是对比研究不足。

受访者19不参加的原因看似简单却令人深省。

　　　　这个年纪了（65岁），还怎么参加呀？人们会认为你有毛
　　病，你没有力气，讲话水平也不高。我不愿意参加。我只想待
　　着，和老人们聊聊天什么的。（受访者19）

　　产生像受访者19这样的心态，有两方面的原因。一方面是对志愿者和志愿者活动存在认识上的误区，认为志愿者活动是年轻人的事，或者是特殊群体的事。另一方面则是标签效应导致自我归因偏差，促使老年人心理的消极因素增加。当退休或者接近60岁这些被普遍认为与老年相关的因素出现后，部分老年人就会出现"我老了"的消极的自我暗示和归因偏差，即以"我确实是老了，不中用了"等消极的想法，向自己发出刺激，从而造成自己的情绪波动、意志消沉、兴趣淡漠。由这种标签效应所带来的消极自我暗示和归因偏差对老年人的心理会产生不利影响。

　　可以看出，不参加志愿者活动，其实际的阻力源于一系列的心理障碍。前文已经证明，老年人参与志愿者活动会对参与者产生积极的心理体验。志愿者角色对于培养和提升人们的自信和自尊具有极大的潜力。因此，动员和吸引更多的老年人参与到志愿者活动当中来，逐步突破心理障碍、进入良性循环状态至关重要。

二　家庭照护负担的约束

　　显而易见，可资运用的弹性时间是影响老年人参与志愿者活动的重要因素。但是，对于哪些因素会影响到参与时间的安排，国外经验研究结果却存在诸多分歧。而影响老年人可资运用的时间的重要指标无非是两个：一是工作时间弹性，二是家庭照护责任。而本研究在调查中所选择的访谈对象，在退休后或参与志愿服务的同时，无一从事带薪工作。这并非我们的有意安排，却充分说明中国老年

志愿者——至少是社区老年志愿者，鲜有再从事带薪工作这一状况。因此，影响老年人可资运用的时间只有一个重要的指标，即家庭照护责任。

　　家庭照护在老年人生活安排中居于绝对优先的地位，这在女性老年人身上体现得尤为明显。她们是否要改变参与模式（比如由正式参与转变为非正式参与等）抑或参与与否，大多取决于家务的安排。这在访谈中也得到了充分印证。涉及这一问题的所有访谈对象都认为家庭照护责任对志愿者活动时间的投入产生了影响。受访者17没有参加志愿者活动就是因为要照顾母亲。

　　　　现在我母亲年岁大了，需要照顾，出不来了。（受访者17）

　　有的志愿者则同样由于家庭照护责任，不得已选择停止参与或由固定参与转变为临时性参与。

　　　　刚退休我没有时间，那会儿看孙子，照顾老人，老人都有病。他们去世了，老伴也去世了……才参加志愿者活动，以前没有时间。（受访者1）

　　　　我们家里没有什么负担了，孩子都大了，出去工作了，即使老伴退休以后，他也会照顾自己，这时间就比较宽裕了。如果家里有孙子需要照顾，你出去跑就不现实嘛。（受访者2）

　　　　生了小孙子后，住房面积小，雇保姆不方便，我就看着孩子，活动就减少了，这也没办法。（受访者3）

　　　　就是从今年开始出不去了，我母亲年龄太大了，94岁了，

头年啊，我妈上我妹那里去几个月吧，还行。（受访者15）

从角色理论看，老年人退休后，家庭照料者成为其主要角色。对于男性老年人而言，更多属于角色转换，而对于女性老年人则更多属于角色延续。由于中国社会男女都要工作，青年夫妇难以顾及家务，老年人通常会为子女看小孩儿、做家务。2000年中国城乡老年人口状况一次性抽样调查显示，城市老年人帮助子女的情况分别是，看家40%、做家务38.4%、带孩子40.1%。再加上老年人照顾配偶和自己的年迈父母，忙于家务的老年人的比例会更高。

对于志愿者活动而言，即使个体有参与的动机和意愿，家庭照料消耗了大部分可支配时间成为一个主要制约因素。他们可能的选择便是减少活动时间，或者转而参与一些时间要求不严格的活动，甚至停止活动。

三 家庭成员的约束

老年人参与志愿者活动取得家人的支持也很重要。有时家人会不理解、不支持，因为从他们的角度出发，也有很多要考虑的因素。有的年轻人可能会担心老年人的身体状况，担心老年人参与志愿者活动会累垮身体或者出意外，这些都是他们不愿意看到的；有的觉得老年人去做志愿者还会影响家里的安排，老年人帮助做的家务会落在他们身上；等等。受访者1就认为，如果参与志愿者活动，未征得子女的同意，一旦身体不适，会受到他们的责怪或无人照料。

家里的支持是最大的支持，如果儿女不愿意，你身体病了怎么办，我们管得了你吗？（受访者1）

强调家庭的支持实际上反映了中国代际关系独特的文化传统。

欧美等国的老年人大多经济、人格独立，绝少依赖子女，他们可以自由安排晚年生活。中国老年人依赖子女，尤其是经济和情感上的依赖，使老年人失去了生活的自主性。

家人给予支持也是老年人投入志愿者活动的动力源。受访者6年届80岁高龄而坚持在社区讲党课14年不辍，与老伴的大力支持是分不开的。

> 家很小，还有个孙子在这儿上大学。只有一张书桌，每次都得等孙子睡觉了，我再看书。后来，老伴给我在小院弄了间小房，买了个书柜。老伴平常也关心地说别太累了，该歇啦，该休息啦。（受访者6）

四　个人兴趣和奉献意识的约束

除以上几方面因素外，个人兴趣和奉献意识也是重要的制约因素。受访者19这样解释他不参加志愿者活动的原因。

> 我不参加，除非它符合我的兴趣。（受访者19）

老年人不愿参加志愿者活动是因为对现有活动不感兴趣，他们大多认为志愿者活动应是"我愿意做的、喜欢做的事情"，而目前社区开展的志愿者活动以一般性服务居多，专业性服务较少，指定性命令型任务居多，且某些任务难以与专业知识相结合。符合老年人兴趣的活动更容易使他们获得满意感和幸福感，对于社会而言，为老年人创造更多的参与机会，是促进老年人参与志愿者活动的重要条件，因为从中更能够找到符合其兴趣的活动。

什么是老年人参与志愿者活动最根本的决定性因素？在访谈中

对于"成为一名志愿者应该具备什么条件"这个问题的回答比较集中，那就是奉献意识。在上述客观条件具备的前提下，奉献意识起着决定性作用，而且奉献意识也使诸多客观因素更富弹性。奉献意识是参与志愿者活动的决定性因素，也是保证志愿服务质量与效益的决定性因素。

> 首先要有热心，如果太自私了，老想自己的事，那不行。首先自己得热爱这项工作，发自内心的自愿，这是作为志愿者最基本的条件。（受访者5）

> 最关键的就是热心，真心地为大家服务。（受访者8）

> 自愿就可以了，其他就是量力而行。（受访者9）

> 没有私心，热爱自己的事业。（受访者15）

> 首先没点奉献精神不行，时间上不能计较，什么事都以家里为主，什么事都考虑自家，你就做不了群众工作，做不了居民工作，因为这都是利用你的休息时间。要有好的素质，为大家服务也是为自己服务，要有这样的心态。（受访者7）

这说明参与志愿者活动，主观因素的影响是根本性的，这也说明志愿者活动具有内在的选择性，并非所有老年人都能参与。奉献意识是老年人做出参与活动这一行为决策的思想基础。他们对愿不愿意奉献、愿不愿意做出牺牲等问题的思考将在很大程度上影响他们在是否参与这一问题上的选择。

五 组织和条件的约束

分散的个体在参与志愿者活动方面存在很多困难，在组织的动员和推动下，往往会提高社区居民的参与积极性和热情。

> 还是要有组织，没个组织，这些事情没个牵头的。以前谁认识谁呀，现在都认识了，有些事情帮助去办就可以了，大家认可。因为像我们文化不高，自己也没什么创新的能力。非得有个组织呀，好比说有人出主意啊，大家伙跟着就去干。（受访者8）

在中国，老年志愿者活动还处于起步阶段，人们的参与意识还不强，参与规模很小，这都与组织化程度低有关。就社区参与而言，缺乏组织或组织化程度低，使老年人缺乏参与的途径。

> 现在小区里很多老年人为什么养狗？没有什么活动，他干吗呀，就是弄狗最简单，有活动的话他就不养狗了。精神没有什么东西，应该是把各种活动开展起来，文艺活动、体育活动，开展起来，比如说组织个象棋队，打擂台，马上人就过来了，这多有意思啊。社区组织比赛啊，给点奖啊，这都挺好。（受访者18）

缺乏组织既造成老年志愿者参与不足，同时也制约了社区服务功能的完善，影响了对居民需求的满足。

> 现在这个组织还没太落实，比如医疗分队，小区里还没有人带头。志愿者对小区里每个老年病人都要非常清楚，突然病

了，你马上就得去，你要靠120，车慢极了，堵车你没办法。咱们有好多退休的护士大夫，血压高怎么处理，怎么处理问题缓解你的病情，车来了，都解决了，这还发挥得不够。（受访者18）

过去单位都有退管会，现在都撤了，这帮人没有人管，实际上他们是最好的财富，经验丰富，身体好，能人多，为什么不挖掘这部分人的潜力，给他们一个施展的平台？比如我们楼有几位老师，还都是一级教师，退休以后完全可以再做贡献，可以辅导孩子，但是得靠自己去找。如果把这些人组织起来，那我们小区的生活环境肯定比现在还要好。（被访者7）

缺乏有效的组织也制约了志愿服务的开展和对社区居民需求的满足。受访者18所在社区的义工服务站设了绿色环保、治安巡逻、为老服务、便民服务和文艺娱乐等五个服务队。但是，由于宣传不到位，居民并不了解这些服务队的性质和职能，因此也就很少去关注。

居民有问题了，居委会说找你（义工）去弄，但是很多人都不知道去找你。缺乏沟通，应该宣传一下。都知道找居委会，但是居委会那几个人太忙，真的太忙。（受访者18）

这种状况既不利于满足社区居民的利益诉求，也制约了志愿者队伍的扩大，而且由于没有实现参与的目的，也会挫伤老年志愿者的参与积极性。

另外就是条件的问题，比如在社区层面缺少社区志愿服务组织的办公场所、活动场地、活动经费等，这些都是现实制约因素。

有些活动没弄起来，有条件限制，主要是找个地儿比较困难，冬天冷，夏天热，老年人在室外活动不方便。（受访者18）

由于条件、方式和目标的不同，不同群体参与志愿者活动表现出各自的特点。根据前文宏观和微观两个层面的分析发现，老年人参与志愿者活动除具有自愿性、公益性、无偿性等特征外，还表现出了自身的独特性，即活动的组织要考虑老年人的年龄特征。

小　结

研究城市老年人参与志愿者活动行为背后的心路历程可以剖析老年志愿者活动的微观运行机理。本部分采用质性研究方法，探讨了中国老年人参与志愿者活动的动机、价值和制约因素。

研究发现，老年人参与志愿者活动的动机表现在：①实现角色转变，②实现自我价值，③保持人际网络，④履行社会责任。

参与志愿者活动的价值体现在对老年志愿者自身的价值和社会效益两个方面。对老年志愿者自身的价值体现在：①改善心理健康状况，②增进生理健康水平，③实现角色转变。其社会效益体现在：①完善社会功能并创造有形的物质财富；②融洽了社区关系，培育了居民的社区归属感；③有利于化解矛盾，促进社会稳定。

老年人参与志愿者活动的制约因素有：①身体状况和心理的约束，②家庭照护负担的约束，③家庭成员的约束，④个人兴趣和奉献意识的约束，⑤组织和条件的约束。

对中国老年人参与志愿者活动微观视角的分析，体现出如下几方面特征。

一 发展阶段的过渡性

与发达国家相比，中国城市老年志愿者活动还远未成熟，无论是运行机制还是活动特征都还没有定型，表现出很大的过渡性。第一，传统类型和参与途径占较大比重，如"扶贫帮困助残类"、"维护治安类"和"卫生环保类"，但具有时代气息的新型服务类型和参与途径开始出现，如"专业知识类"和"文体娱乐类"。第二，志愿者主体构成还停留在"老年精英"层面，但随着组织建设的发展，老年人普遍参与的基本态势已经呈现。社区志愿者活动当前仍处于初步发展的阶段，适应社区党建和社区工作发展现实需求，一批党员积极分子和有一技之长的退休老年人加入社区建设的行列。此外，由国家组织的志愿者活动，如"银龄行动"等，其明确的主旨是开发老年人才智力资源、充分发挥其专长，因此参与者皆为身体健康的老年知识分子，属于精英之中的精英。但是随着志愿组织体系的进一步完善，将为更多老年人提供奉献爱心和发挥专长的机会与平台。

二 实现价值的精神心理性

与其他群体不同的是，老年人参与志愿者活动的目标，固然有可以计量的经济价值，但更多的是一种默默的自我精神心理满足。从访谈可以看出，老年人参与志愿者活动的收获包括：肯定自我价值、获得成就感、获得尊重和认可、结交朋友、促进自我成长与自我实现等，实际上就是"受人尊重"和"被人需要"的自我价值认定。可见，老年人参与志愿者活动强调的是心理满足和精神富足，是老年人在追求积极情感体验基础上形成的"利他"效应。

三 参与动机的 "回报党恩" 与 "党性" 情结

这一代老年人普遍见证了新旧社会两重天的沧桑巨变，经历了中国共产党不断发展壮大的历程，他们有新旧社会对比的感性认识，因此，以实际行动奉献社会、回报党恩，已经成为他们参与志愿者活动的内在动力。他们在生活中从小事做起，从身边的事做起，积极参加有组织的志愿者活动，起着模范带头作用。对于共产党员而言，在长期受到中国共产党的意识形态的熏陶之后，具有较强的党性意识。"党员必须付出""全心全意为人民服务""党员必须起到先锋模范带头作用"等已成为老共产党员共同的价值信念，因此，老共产党员常常把参与志愿者活动看作党员应尽的义务和责任。

老年人强烈的参与愿望与其特殊的生命历程和制度背景有关，因此老年人参与志愿者活动所体现出来的这一特征，与其他特征相比，既是中国老年志愿者的独特特征，也是中国这一代老年人的普遍特征。

四　中国老年人参与志愿者活动的最大障碍来自家庭和自身

从前文对访谈资料的分析可以看出，家庭照护责任、家庭成员的支持与否以及老年人自身的心理约束都是老年人参与志愿者活动的主要影响因素。家庭照护责任，尤其是为子女家庭承担照护责任是中国独特的家庭代际关系的主要内容。尽管如此，不少老年人认为能为子女减轻些负担是应该的，但因此而丧失了自己的自由空间却是一种负担。老年人自身因素包括囿于"标签意识"所形成的心理约束以及个人兴趣和奉献意识的约束，这些是影响老年人社会参与的重要的内在原因。

第六章

中国老年志愿者活动的机制和效应

根据前文从宏观和微观两个层面的分析，总结出中国老年人参与志愿者活动的机制和效应。机制和效应是对中国老年人参与志愿者活动现象的本质认识和理论深化，从而呈现了中国老年志愿者活动的具有文化特质的运行原理，并彰显了这一参与形式的功能及其价值体现对实现积极老龄化的重要意义。

第一节　老年志愿者活动的机制

机制泛指一个系统中各元素之间的相互作用的过程和功能。对于老年志愿者活动而言，由参与条件、参与动机和参与形式等因素相互作用、相互联系而形成整体运行系统，并形成确定的整体功能。老年志愿者活动作为一个整体系统，各组成要素的运行状况和功能的发挥程度对其运行效果都会产生直接影响。研究发现，中国老年志愿者活动的运行机制是在以下三方面因素的相互作用过程中形成的。

一　参与条件：政府主导，社会倡导，家庭配合

前文研究显示，老年人缺乏志愿者活动参与的机会和途径，在很大程度上与组织缺乏或组织不完善有关。在多次有关老年人社会参与状况的调查中，当问及为什么不参加活动时，相当比例的老年

人回答没有人组织。在 2006 年调查数据中，75% 的老年人愿意参加街道组织的活动。"银龄行动"、奥运志愿服务和社区志愿者活动之所以能够吸引大量老年人参与，其中一个重要原因是这些活动是由政府出面组织的。从文化角度说，中国民众具有一种政府情结。由于政府在中国社会中的特殊地位，民众长期形成了一种政府情结，表现为对党的领导和对政府的支持的一种情结。这种政府情结，一是信赖，二是服从，三是安全。凡是政府出面主持的事情，民众一般比较放心，愿意参与，具有一种安全感。老年人是弱势群体，政府情结更是一种心理支撑。政府出面提倡或推进的事情，老年人都比较愿意积极参与。从行为角度来说，任何事情都会遇到问题，政府提倡的事情，政府会负责并帮助解决，这是老年人愿意参与政府组织的活动的心理依凭。

心理约束是老年人参与志愿者活动的根本性制约。这种约束主要来自社会对老年人的错误认知所导致的对老年人的自我认知带来的损害。社会倡导志愿服务精神和对老年人价值及其价值实现的承认与支持有助于老年人克服参与志愿者活动的心理约束，提升老年人参与的自信心，这是老年人参与志愿者活动的基础条件。

家庭约束具有很强的文化特征。中国传统的代际关系，一方面扩大了老年人的家庭责任范围，另一方面强化了老年人在经济和情感上对子女的依赖性，这些因素使老年人丧失了生活的自主性和独立性，从而对老年人参与志愿者活动形成实际障碍。因此，家庭成员要充分认识老年人参与志愿者活动的重要意义，对老年人的参与给予积极配合，增强老年人的独立性，拓展其自由空间，这是促进老年人形成实际参与的保证。

二　参与动机：追求精神心理需求的满足

微观分析显示，老年人参与志愿者活动的动机体现在四个方面，即实现角色转变、实现自我价值、保持人际网络、履行社会责任。这些动机的共同目标指向就是老年人追求精神心理需求的满足。

老年人的需求是多方面的，不同老年人需求的侧重点也是不同的。随着社会经济发展和社会保障制度的完善，老年人的需求发生了很大变化，主要表现在，在传统的生活需求的基础上，对精神、心理、情感、自尊、自我价值等精神情感性需求越来越强烈。老年人参与志愿者活动强调的是心理满足和精神富足，是老年人在追求积极情感体验基础上形成的"利他"效应。参与志愿者活动在很大程度上实现了老年人更高层次精神心理需求的满足，成为他们参与志愿者活动的内在动力。"银龄行动"、奥运志愿服务和社区志愿者活动成功引领老年人的社会参与，就是因为这种参与满足了老年人精神心理和实现自我价值的需要，从而吸引和激励着老年人踊跃参与。

三 参与形式：体现文化内涵和个人兴趣

老年人参与志愿者活动的形式不是随意的，对参与形式的选择既反映了一定的文化内涵，也体现了明确的个人兴趣。

第一，大型的、高层次的志愿者活动符合中国老年人的文化心理，对老年人更具吸引力。老年志愿者活动包括群体的社会性活动和个体的自主性活动。一般来说，大型的社会性活动声势大，内容比较丰富，容易提升老年人的荣誉感、责任感和竞争意识。特别是在中国从众心理、面子文化和攀比氛围的作用下，这种大型的高层次的活动尤其能够吸引老年人参加。"银龄行动"的组织和运作是由各级老龄办直接负责的，但它自始至终都得到了中央各部门和地方政府的热烈响应和积极支持。这种高层次的活动是吸引老年知识分子踊跃报名参加的主要原因。北京市奥运社区利用周六、周日开展比赛性的活动（如奥运知识比赛、交通安全知识比赛等），社区居民常常是举家出动、三代同场竞技，场面热烈、欢愉，也是一个证明。

　　第二，多层次、多形式的志愿者活动能够使老年人发现"兴趣点"，有助于促进老年人更广泛的参与。符合老年人兴趣的活动更能满足其精神情感性需求。前文研究指出，老年人不参加志愿者活动的原因之一就是对现有的活动不感兴趣。社区志愿者活动则吸引了越来越多的老年人参与，成为老年人社会参与的一个主要平台，其原因就在于社区拥有丰富的社会资源，开展的活动层次多、形式多，能够满足不同兴趣老年人的需求。社区志愿者活动的开展不再仅限于一些简单的健身娱乐活动，而是逐步向社区政治、社区文化、社区治安、社区环境、社区服务等多领域发展，因而使老年人的参与更具广泛性和经常性。因此，开展多种层次、多种形式的老年志愿者活动能够满足不同兴趣老年人的参与需求，对于激发老年人的参与热情和积极性并形成广泛参与局面具有重要作用。

　　参与条件、参与动机和参与形式三者构成老年人参与志愿者活动的整体运行系统，三者之间相互影响、相互作用的过程形成中国老年志愿者活动的运行机制。对其加以认识有助于中国老年志愿者活动功能的充分发挥，也为促进具有中国文化特色的老年志愿服务事业发展局面的形成提供了思路。

第二节　老年志愿者活动：积极老龄化的实现途径

　　老年志愿者活动的效应集中体现在老年人的有效参与所蕴含的社会经济价值不断显现。这一过程也是积极老龄化的实现途径和目标所在。

　　研究表明，老年人参与志愿者活动是积极老龄化的重要实现途径。这一结论是经由如图 6 - 1 所示的路径实现积极老龄化的三要素——参与、健康、保障而达成的。

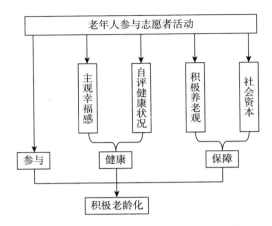

图 6 - 1　老年人参与志愿者活动与积极老龄化实现的关系

一　老年志愿者活动创新了社会参与的运行机制

社会参与既是积极老龄化的基本内涵，也是老年志愿者活动在实现积极老龄化过程中的内在运作机制，即通过志愿者活动的发展，追求社会参与机制的创新，创造更多的老年人参与社会活动的机会。老年人参与志愿者活动，是实现积极老龄化的重要途径之一。志愿者活动作为积极老龄化的实现平台，也大大拓展了老年人社会参与的深度和广度。

（一）志愿者活动体现了老年人社会参与的潜在能力

老年人群体仍然充满生机和活力，具有参与社会生活和社会发展的巨大潜力。虽然老年人的社会参与会受到年龄、健康、环境等因素的制约，但老年人参与志愿者活动的条件依然存在。其原因是多方面的。一是老年人力资本和社会资本禀赋的改善，为老年人参与社会奠定了基础。二是社会对老年人价值的认可，为老年人社会参与创造了良好的外部环境。同时，老年人社会参与的实际状况也证实了这种潜在能力的巨大效应。目前，城市离退休人员中许多人仍以各种形式参与发展，在经济、文化、科研、教育、医疗、社会工作等领域继续发挥着不可低估的作用，全国各地的老年志愿者活动呈现向多部门、多层次、多渠道、多形式蓬勃发展的良好势头。种种情况表明，参与志愿者活动已经成为老年人社会参与的主渠道。

（二）志愿者活动的广泛开展拓展了老年人社会参与的深度和广度

开展老年志愿者活动，可以推动老年人社会参与方式和领域的发展。这是因为，随着社会经济文化的发展，老年人共享社会成果、参与社会生活的内容和领域也在发生着新的变化。

就深度而言，参与志愿者活动使老年人的参与形式由休闲娱乐性向生产性转变。志愿者活动属于生产性活动，能够增加社会经济文化总量，不仅能丰富和充实老年人的精神生活，也能满足老年人更好地实现人生价值的愿望，以及由此而产生的推动和谐社会建设的积极意义。从这些意义出发，我们认为志愿者活动比休闲娱乐性活动更具深度。

就广度而言，目前中国老年志愿者活动才刚刚起步，发展空间巨大，尤其是随着老年精英在志愿者活动中的充分参与，能够建立起更多、更大的参与平台，从而为老年人群体提供更多参与机会。

（三）志愿者活动的发展促进了老年人社会参与平台的建设

老年人参与志愿者活动的平台由三个基本层面构成：一是满足一般老年人社会参与需求的平台；二是满足老年人才社会参与需求的平台；三是能够满足不同层次老年人实现参与的综合平台。

社区志愿者活动就是满足不同层次老年人社会参与需要的综合平台，尤其是城市社区建设，无论出于何种原因，依赖老年志愿者完善社区功能和开展社区服务已经成为非常现实的选择。

在社区参与的实践中，社区志愿者活动得到长足的发展，主要在于三方面因素的推动：①居委会和社区党委的组织和倡导，②邻里网络对志愿服务的推动与供给，③社区精英的带动和感召。[①] 社区志愿者活动的开展极大地拓展了广大社区老年人的参与空间。借用费孝通先生的"差序格局"概念来分析，社区老年人的参与呈现以老年精英为中心、逐渐向一般老年人[②]扩散的状态，也就是实际所体现出来的"老年精英搭台，更多老年人唱戏"的基本场景。

老年志愿者在社区的广泛参与既体现了社区"自我服务、自我管理"的自治功能，也使广大老年人通过参与充分享受到社会福利。更为重要的是，志愿者活动的创建和开展能够提供足以满足老年人参与需求的活动项目，在这个前提下，老年人社会参与才真正从口号走向现实。

奥运志愿服务能够成功引领一般老年人的社会参与，满足了中国一般老年人的参与需求，符合中国老年人的文化心理，最大限度地激发了中国老年人潜在的能量。

类似"银龄行动"的活动或组织满足了老年人才社会参与的需求。"银龄行动"为老年知识分子搭建了充分发挥潜力的舞台，让他们从退休养老的传统生活习惯中走出来，使他们积累了一生的才智在晚年仍能得到发挥，开创了一种不断保持活力、保持年轻的新生活方式。"银龄行动"所蕴含的"老有所为"的价值标准，逐渐开始在老年知识分子中形成老年文化价值导向。[③] 同时，"银龄行动"所取得的功效也随着活动的持续开展而显现，并被越来越多的人所认可。

---

① 姜振华：《社区参与与城市社区社会资本的培育》，中国社会出版社，2008，第156～169页。
② 此处"一般老年人"既指能力一般的老年人，也指参与意愿一般的老年人。
③ 李本公：《关注老龄》，华龄出版社，2007，第89页。

国家一直重视老年人才作用的发挥，并加强组织和引导，为发挥离退休高级专家和专业技术人员的作用制定专项政策。除"银龄行动"外，在全国范围内实施的"爱心助成长"志愿服务计划也吸引了越来越多的"五老"①人士参与其中。中国老教授协会、老科技工作者协会、老年法律工作者协会等全国性老年社会团体已发展到 13 家，分会遍及全国各地。中国老教授协会和老科技工作者协会的个体会员数量超过 65 万人。各地成立了退休工程师协会、老教育工作者协会、离退休医务工作者协会等一批以老年知识分子为主体的社会团体，组织老年知识分子继续为社会经济发展做贡献。②

这些平台的搭建，为老年人的社会参与提供了多样化的方式和途径，使老年人参与社会发展的愿望变为现实，也激发了更多老年人参与的热情。

二 老年志愿者活动满足了老年人的多维健康诉求

志愿者活动的开展，提高了老年人个体和群体的健康水平，促进了健康老龄化的实现。世界卫生组织给健康下的定义："健康不仅仅指一个人没有症状或疾病的表现，还指有良好的生理、心理状态和社会适应能力。"也就是说，人的健康应包括生理、心理状态和社会适应能力三个方面的健康。生理健康是健康的基础，指人体结构完整，生理功能正常；心理健康以生理健康为基础，且高于生理健康，主要的指标为情绪稳定、积极向上、有责任心和自信心、热爱生活、善于交往、有较强的社会适应能力；社会适应能力是指每个人在不同时间内和不同岗位上对各种角色的适应能力。适应良好是指能胜任各种社会和生活角色，适应不良是指缺乏角色意识或角色

---

① "五老"是指老干部、老战士、老专家、老教师和老模范。
② 中华人民共和国国务院新闻办公室：《中国老龄事业的发展》，中国政府网，http://www.gov.cn/zhengce/2006－12/12/content_2618568.htm，2006 年 12 月 12 日。

错位。老年人通过参与志愿者活动，在这三个方面都发生了积极的改善。

根据前文对访谈资料的分析，从中提炼出以下两个具有代表性的健康指标（主观幸福感和自评健康状况）来表达志愿者活动对提高老年人个体和群体健康水平的促进作用。

（一）主观幸福感得到提升

参与志愿者活动有助于老年人获得并提升主观幸福感，主观幸福感的提升又会对老年人的身心健康产生十分积极的影响。主观幸福感是指个人对自己生活状况的总体评价，对自己生活的满意程度，包括感觉到积极情绪的出现和消极情绪的消失。主观幸福感涉及正向情感体验和负向情感体验两个维度。[1] 研究表明，老年人主观幸福感受经济状况、健康状况、社会支持、生活事件、人格特征、自我效能感等多种因素的影响。[2]

前文研究表明，老年人通过参与志愿者活动所体验到的正向情感超过负向情感，成为主导性的情感体验。具体促进因素包括社会支持网增强和提升自信两个方面。

第一，社会支持网增强。志愿服务活动对于社会支持网络的构建主要体现在两个方面：一是形成团队，二是建立友谊。

无论何种组织形式的志愿者活动，其成员都是基于共同的价值观、共同的兴趣和爱好而形成的团队。通过团体活动的开展，可以提供给老年人各种参与的机会，使他们担当各种相应的角色以获得

---

[1] 唐丹、邹君：《老年人主观幸福感的影响因素》，《中国心理卫生杂志》2006 年第 3 期，第 160～162 页。

[2] Macleod A. K. , and Conway C. , "Well – Being and the Anticipation of Future Positive Experiences: The Role of Income, Social Networks, and Planning Ability," *Cognition and Emotion* 3 (2005): 90～95；李幼穗、吉楠：《主观幸福感研究的新进展》，《天津师范大学学报》（社会科学版）2006 年第 2 期，第 70～74 页。

满足感。同时，还帮助老年人抵御由于退休而产生的社会脱离以及
由此产生的孤独感，并获得其他成员的支持，扩展自己的社会支持
网络，从而产生归属感，此其一。其二，分享经验。负面人生经验
的交流可以使其他老年成员获得适应衰老的经验与方法，并帮助具
有负面人生经验的老年成员疏解情绪的困扰、反思自己的人生经历、
调适未解决的问题；正面人生经验的交流可以使老年人建立新的自
尊，重拾人生的价值，从而获得实现积极人生的动力。其三，获得
学习的机会。通过成员间的互相交流以及对新现象、新环境的接触
和认识，一方面可以使老年人在安全的团体、支持性的环境中学习
新的适应性行为，以解决和处理在晚年生活中所遇到的各种新问题；
另一方面，在志愿服务中，志愿者能够学习一些组织和交际技能，
从而更为自信，也能够更好地发挥作用。

关于建立友谊，前文已经提及，志愿者活动由于持续性和规律
性，其成员容易形成友谊。友谊对于老年人幸福感的提升已有很多一
致的研究结论。

Antonucci 归纳相关研究后指出，友谊对老年人士气和生活满意
度的影响远超过家庭与亲戚的互动。[1] Larson 等更指出虽然家庭成员
提供给老年人生理及情感支持，但在主观幸福感上，友谊则是较有
力的来源。[2] Wood 和 Robertson 也指出，在维持老年人士气方面，朋
友比子孙扮演着更重要的角色。[3] 当老年人遭遇角色丧失时，朋友能
填补某种程度的空虚，友谊不仅可扫除老年人负面的自我评价，也
让老年人觉得自己是有能力、有人喜欢和被人需要的。这些感受对

---

① Antonucci T. C. , "Social Supports and Social Relationships," in R. H. Binstock and L. K. George, eds. , *The Handbook of Aging and the Social Sciences* (*3rd Edition*) (San Diego, CA: Academic Press, Inc. , 1990), pp. 205 – 226.

② Larson R. , Mannell R. , and Zuzanek J. , "Daily Well – Being of Older Adults with Friends and Family," *Psychology and Aging* 2 (1986): 117 – 126.

③ Wood V. , and Robertson J. F. , "Friendship and Kinship Interaction: Differential Effect on the Morale of the Elderly," *Journal of Marriage and the Family* 40 (1978): 367 – 375.

老年人的士气及自我价值的维持是相当重要的，不仅使他们较能适应生理老化、退休、丧偶等生活上的变化，忧郁程度也较低。① 因此拥有亲密的朋友关系，对老年人生活满意度的提升有相当大的帮助。

第二，提升自信。老年人退休后，在家庭和社会的地位都有所下降，传统的权威角色逐渐丧失，并被排除到社会的边缘位置，成为弱势群体，在形象上都较容易被定性为被动和消极的，或者被认定为社会的负担和对社会没有贡献。而且老年人生理上的衰老和社会生活的变化也往往使老年人自信心减退，找不到自己存在的价值和意义。

老年人参与志愿者活动为老年人构建了体现社会价值、获得社会认可，从而重构正面形象、培育自信的有效途径。老年人通过参与志愿者活动，可以建立独立、健康的形象，也让社会认识到老年人不仅需要帮助，也能够老有所为，对社会有所贡献。调查发现，只要有适当的途径和机会，很多老年人仍然希望为社会多做贡献，以证明自己的能力及存在的价值。而参与志愿者活动的成果则可以改变老年人的自我价值观及社会对他们的负面看法。同时，老年人对志愿者活动所表现出的热诚和积极行动，也对其他较被动的同龄者起到示范的作用，在互相鼓励及支持下，共同体验和分享积极的人生观。

（二）自评健康状况得到改善

活动理论认为，老年人保持社会活动，积极参与社会生活，对老年人的身心健康有利。老年医学的实践证明，老年人适当参加社

① Crohan S. E., and Antonucci T. C., "Friends and a Source of Social Support in Old Age," in R. G. Adams and R. Blieszner, eds., *Older Adult Friendship: Structure and Process* (Newbury Parks, CA: Sage Publications, 1989); Dean A., Kolody B., and Wood P., "Effect of Social Support from Various Sources on Depression in Elderly Persons," *Journal of Health and Social Behavior* 31 (1990): 148 – 161.

会劳动和社会公益活动，对促进老年人的身心健康、消除衰老的心理压力和老年人生丧失感的精神负担都有明显的作用。老年人参加社会劳动和公益活动不但能使身体得到充分的活动，而且能重新获得同社会交往、保持联系的机会。老年人由此能够保持良好的心理状态和健康的体质，从而增强老年人晚年生活的信心，让老年人的晚年生活更加充实，更有意义。

研究表明，参加社会活动的老年人有着积极的健康自评。[①] 通过对志愿者的访谈也发现，身体实际健康状况与受访者自评健康之间存在一定的差异性。许多受访者声称他们至少有一种慢性病，如高血压或关节炎。尽管如此，他们仍然强调他们是健康的。这主要在于参与志愿者活动能使老年人保持活力，以及由此而产生的积极乐观的心态和良好的精神状态。这种状态不仅能增强老年人肌体抵御疾病的能力，而且在受到疾病的打击时也有助于促进康复。

三　老年志愿者活动使社会保障的理念得到升华

老年志愿者活动的开展，反映了积极老龄化对养老保障的目标诉求。这种目标诉求，主要是通过社会的老龄观和对老年人社会参与价值的理解来诠释的。

人口老龄化对老年人的社会保障提出的挑战越来越严峻，并成为各国经济发展中必须面对的制约因素之一。这也因此成为人们面对老龄社会所持"悲观论"的主要论据。毋庸讳言，这些问题的产生有其客观性。但是，有悖于事实而放大问题的严峻性，却源于对社会保障认识的局限性，即认为养老只是国家单方面的事，忽视了老年人的价值创造性所形成的硬实力和通过广泛的社会参与促进社会资本形成所积淀的软实力。老年人参与志愿者活动及其所带动的

---

① 谷琳、乔晓春：《我国老年人健康自评影响因素分析》，《人口学刊》2006 年第 6 期，第 25～29 页。

社会参与提升了社会保障和老年人自身保障的能力和水平，既是两种"实力"的体现，也是社会保障理念的升华。

（一）积极养老观的树立

"悲观论"只将老年人看作被关怀、被照顾的对象，却忽视了老年人群体的能动性和创造性；持为养而养的消极养老观，只注意老年人的物质保障，却忽视老年人的老有所为。这既导致老年人力资源的巨大浪费，又增加了社会养老保障的压力。老年人参与志愿者活动所体现出的"以为促养"和"自助互助"，体现了积极的养老观。

第一，以为促养。积极养老观不仅强调老年人物质生活保障，还强调老年人积极参与社会发展，实现老有所为，做到以"为"促"养"，"养""为"结合。

老年人参与志愿者活动就是对积极养老观的践行，其积极意义至少体现在以下三个方面。

一是可以变消费者为社会财富的创造者。老年人无论是自发地还是有组织地发挥作用，都在直接或间接地为国家和社会创造财富，展示老年人的社会价值。如前文所述，老年人在参与志愿者活动时既创造了有形的经济效益，又增进了老年人身心健康，进而降低了老年人的病残率，减少了各方面的医疗支出费用。尤其在老年人口规模特别是失能老年人口规模迅速增长、养老资源有限的情况下，低成本应对是必然选择，最有效的途径就是促进老年人社会参与，改变不良生活方式，把因疾病、失能等造成的医疗和照料服务资源压力降到最低点。同时，还可以大幅提高全民的生活水平和生活质量，对于社会经济发展具有积极意义。

二是提高了老年人的自养能力。老年人在志愿服务活动中，丰富了生活内容，扩大了活动范围，改善了精神状态，减少或消除了寂寞孤独感，增强了体质，减少了疾病，延长了寿命。在此实践中，老年人的价值实现实际上是一个"自利"与"利他"相结合的过程。以为促养就是自利的一个证明，以为促乐、以为促康同样是可以预期的。参与社会活动大多可以给老年人带来积极影响，如自养能力的增强、有用感和满足感的产生、积极的自我评价的形成等。北京退休人才开发中心通过对640名再就业的老年人的问卷调查发现：身体比过去好的占40.2%，与过去一样的占57.9%，只有1.9%的人身体比过去差了。可以断言，越是自我意识强、渴望在晚年实现自我价值的老年人，通过"老有所为"所获的正面影响越大。[①]

三是形成了积极的老年价值观。老年人积极投身于志愿服务事业，以自己的实际行动，证明自己仍然是社会财富的创造者而不是社会的包袱，即把旧的"只养不为"的养老观变成"养中有为""以为促养"的新型老年价值观，这对整个社会的价值观念都将产生积极的影响。从这个意义上讲，其价值远远超出老年人所创造的具体财富。

树立积极养老观既是国家建设的需要，也是老年人充实晚年生活的需要。实践证明，在我们这样一个面积大、人口多、"未富先老"的国家，变消极养老为积极养老，走"老有所为""以为促养、养为结合"的道路，是解决中国人口老龄化问题的一个重要途径。在《老年法》中专设"参与社会发展"一章，规定"国家和社会应当重视、珍惜老年人的知识、技能、经验和优良品德，发挥老年人的专长和作用，保障老年人参与经济、政治、文化和社会生活"，还规定了"国家为老年人参与社会发展创造条件"。老年人根据社会需要和可能，在自愿和量力的情况下，发挥各自的专长和作用，这是老年人积极养老的法律依据。

---

① 穆光宗：《老年人价值的实现问题：经济学的讨论》，《人口研究》1998年第5期，第31~43页。

　　第二，自助互助。自助互助是新时代老年文化的精神所在，是积极老龄化强有力的文化支持。在一个以低龄老年人为主体的老龄化初级阶段，很需要通过自助互助的文化建设去激发老年人群体自身的潜能。[1]

　　老年人参与志愿者活动既满足了发挥余热、继续奉献社会的需要，又实现了体现自身价值的愿望与热情。通过助人，老年人可以获得两方面益处：一是可以获得有形的社会支持，二是可以获得心理满足和精神愉悦。这两方面都是老年人提升自我保障水平的有效途径。

　　调查发现，向社区内的空巢老年人、孤寡老年人提供日常生活帮助和"一对一"的结对帮扶是社区内老年志愿服务的一项主要内容。这些服务的提供者通常是低龄老年人，提供服务的形式既有居民日常的自发扶助，也有常规化、组织化的帮扶。这种志愿服务形式如果发展成为一种常态，实质上就是一种老年互助的形式。由低龄健康老年人向高龄非健康老年人提供生活照料服务，等到服务者将来有需要时，再组织其他的低龄老年人向其提供类似的服务。这种形式的制度化和规范化发展，便创造了老年人非经济领域的有效保障模式。

　　在人口老龄化、家庭结构小型化以及失能、高龄、空巢老人规模大、增速快的背景下，老年人群体的生活照料需求自然增多。家庭照料的传统做法往往出于子女少以及子女工作繁忙等原因而难以维持。大多数老年人出于多种原因对机构养老的认同度还较低。[2] 采取老年人互助的方式，老年人可以实现居家养老，既能解决老年人

---

① 穆光宗：《老年发展论——21世纪成功老龄化战略的基本框架》，《人口研究》2002年第6期，第29~37页。

② 宋宝安：《老年人口养老意愿的社会学分析》，《吉林大学社会科学学报》2006年第4期，第90~97页。

的许多实际生活困难，又能满足老年人精神慰藉的需要。

关于老年人互助，中国上海、广州、北京等一些地区在探索
"时间银行"① 的模式。"时间银行"作为一种互助养老模式，具有
自己独特的优势。Cahn 认为时间银行具有四种作用：一是它增强了
社区凝聚力，对抗了金钱所带来的为了追求利益最大化而形成的离
心趋势；二是创造和加强了互助精神；三是产生了一种人们可以相
信的信息系统；四是创造了一种礼节，使援助者不侵犯他人空间，
接受者也不会因得到服务而感觉被施舍。② 中国"时间银行"养老
模式走过了 10 多年的发展历程，但由于认识上的局限以及时间计量
和服务兑现等诸多环节上的问题，目前仍处于发展的初级阶段，其
发展壮大还需要多方共同努力推动。实际上，大力发展社区老年志
愿服务事业，将老年互助形式作为社区老年服务的主要内容加以制
度化建设，与"时间银行"相比，其复杂性要小得多，可操作性和
有效性则高得多。从助人者的角度讲，既获得了未来接受同类帮助
的权利，同时在活动中增进了人际关系，降低了社会疏离感，使老
年人获得更多的社会支持。

通过助人可以获得心理满足和精神愉悦。无论什么形式的助人
行为，都可以丰富助人者自己内心情感的体验，也可以说是助人者
自助。尤其对于老年人而言，在志愿者活动中最期望收获的是精神
心理的满足。

（二）社会资本的培育

社会资本实质上是一种支持性的互惠互利的网络资源、关系结

---

① "时间银行"互助养老模式是指养老志愿者通过为年迈者提供服务并储蓄时间，当其年老
需要帮助时，再从银行提取时间以获取他人的相应服务量。

② Cahn E. S., "Time Dollars, Work and Community：From 'Why？' to 'Why Not？'," *Futures* 5
(1999)：499 - 509.

构。在表现形式上，社会资本体现在以社会关系网络为载体的公共精神、公民意识和民间组织等维度上。社会资本的特征主要表现在三个方面：首先，社会资本是由公民对信任、互惠和合作有关的一系列态度和价值观构成的，其关键是使人们倾向于相互合作、信任、理解、同情；其次，社会资本体现在将朋友、家庭、社区、工作及公私生活联系起来的人际网络；最后，社会资本重在参与，它有助于推动社会行动。这种以信任、互惠规范和关系网络等形式存在的社会资本是促进社会良性发展的一种积极因素。

志愿者活动是公民义务和责任的一种表现，但也被看作衡量社会资本的一个重要尺度。近些年来，国际社会特别强调志愿服务在改变个人、家庭以及经济和社会状况方面发挥的巨大作用。例如，时任英国内政大臣的查尔斯·克拉克 2005 年说过："志愿者部门是增进社会团结、创建社会资本的无形黏合剂，它使个人影响着大家的生活……志愿者们奉献着自己的时间和才干，他们的激情是当今英国的伟大力量。"

研究显示，中国老年人参与志愿者活动对于社会资本的形成也具有重要作用。以社区为例，社会资本培育的基本任务就是消除社区居民之间的陌生感，建构一个"熟悉社区"。老年志愿者活动从三个方面促进了社区社会资本的形成。

第一，社区关系网络的培育。社区关系网络特指居民之间通过互动所形成的邻里关系和社区自组织。通过老年志愿者活动的开展，形成了丰富的邻里网络。邻里网络是社区自组织的重要组成部分。老年志愿者通过组织和开展多种形式的社区活动，如各种文体娱乐活动、扶贫助困活动、互帮互助活动等，为居民社区公共生活和社区内人际交往提供了互动空间；通过参与社区活动，使人们走出家门，彼此认识，增加相互之间的熟识度，建立密切的邻里关系，最终融入社区生活。如受访者 8 组织的编织社、受访者 14 成立的"独居姐妹互助组"等都带动了居民参与社区生活的兴趣和热情，为社区居民的认识、沟通以及邻里关系的建立提供了平台和条件。

第二，构建了社会信任。邻里网络内部成员之间长期互动是信任关系形成的基础。社区活动的广泛开展为居民之间长期互动创造了条件。

社区信任的形成还有赖于社区满足感的形成。社区满足感取决于社区的生活质量，社区只有给社区成员提供健全的生活设施、完善的服务体系、优美的生活环境、和谐的人际关系，使社区成员乐于生活其中，才有可能形成社区满足感。在这方面老年志愿者发挥了建设性的作用。调查发现，社区居民对于基本生活方面的需求首先向居委会提出，居委会对社区居民基本需求的满足是社区满足感形成的基础。但是，许多居委会行政事务繁杂，导致对事关居民生活质量的社区建设受到影响，因此在一定程度上影响了居民对居委会的信任。老年志愿者活动的开展满足了居委会和社区居民双方面的需要，维护了居民对居委会的信任。另外，老年志愿者将社区居民的所需、所急作为服务的切入点和着眼点，着力为民办实事，比如第五章材料2志愿者的工作切实解决了居民家庭的实际困难，受访者18牵头解决社区停车难的问题。老年志愿者的参与为社区环境的改善、社区治安的维护、社区服务的完善和社区支持网的建立都做出了重要贡献，提高了居民的社区生活质量，进而提高了居民的社区满意感，促进了社区信任的形成。

老年志愿者通过广泛开展志愿服务活动所体现出的关爱他人、热心助人的奉献精神，不仅使受助者的困难得到解决、精神得以宽慰，还加强了居民的社区认同感，培育了居民之间互助合作精神与互惠规范，有利于居民之间的沟通、了解和合作的形成，增强了居民对社区的满足感和归属感，激发了社区的活力，提升了社区治理能力，这些都会促进居民之间信任关系的建立、维持和再生产。

更重要的是，老年人开展的各种志愿服务活动也是对居民进行公德教育的过程，它有利于居民公共精神、志愿精神、社会责任感以及道德素质的培育和提高，为社区信任的培育提供了道德资源和人格基础。

第三，促进组织的发展。老年志愿者活动的开展，为社区各类组织的发展提供了动力。随着城市社区建设的快速推进，老年志愿者的作用愈加显现，单独、零散的个体自发行为开始逐步向组织化方向转变。政府相关部门开始重视并加强发动和组织，他们因地制宜组建志愿组织体系，原先的一些老年志愿者团体，如文体娱乐性兴趣团体和邻里互助团体等，通过居委会的有序引导和组织，发展成为组织规范的协会，使之更符合社区居民的需要，满足居民多方面的利益诉求。

各类社区组织的培育为居民提供了各种交往平台，通过居民对组织活动的参与最终促进社区居民之间的交往，同时，社区各类组织间的交往也促进了社区居民间网络的形成。

可见，老年志愿者活动的开展和老年人的广泛参与促进了社会资本的形成。社会资本作为促进社会发展的良性力量，蕴含着社会保障的丰富含义，它必然会在提升国家社会保障能力和促进社会保障机制的有效性方面发挥积极而重大的作用。

总而言之，老年人参与志愿者活动创新了老年人社会参与的运行机制，并由此产生了多方面的积极效应。这种参与是老年人的健康资源和能力资源开发和转化的过程，实际上就是老年人的价值实现过程，这既满足了老年人的多维健康诉求，又使社会保障的理念得到升华。因此，老年人参与志愿者活动是从最广泛意义上对积极老龄化的三要素——健康、参与、保障——的诠释和彰显。老年志愿者活动是积极老龄化的重要实现途径。

第七章

中国老年志愿者活动：经验借鉴与发展对策

第一节　国外及中国香港地区老年志愿者活动情况

发达国家以及中国香港、台湾等地区的老年志愿者活动经过多年培育和发展，已经成为应对人口老龄化的重要一环和适老型社会环境建设的重要内容。本章介绍了美国、英国、日本、新加坡和中国香港地区的老年志愿者活动开展情况，它们积累的很多成熟经验值得中国借鉴。

一　美国老年志愿者活动

美国志愿服务发展的历史相对悠久，可追溯至 17 世纪的移民历史。当英吉利的清教徒移民至美国科德角后，他们就认识到想要在这片荒无人烟的新大陆生存下去并建立新的社会秩序，奉献和志愿精神必不可少。18 世纪末 19 世纪初，美国建立起了联邦制国家，随后大量志愿服务团体相应出现，如美国妇女慈善团体、纽约救贫协会以及解放农奴的志愿团体等。这主要源于美国的移民历史所形成的互帮互助、同舟共济的精神传承。[①] 进入 20 世纪，美国开始探索解决各类社会问题并开展满足公民多样化需要的志愿服务活动。例

---

① 　张勤：《志愿者培育与可持续发展研究》，中国社会科学出版社，2016，第 168～170 页。

如，针对就业和国家森林被毁坏的情况，罗斯福政府成立了"公共资源保护队"；针对贫困问题，肯尼迪政府建立了美国志愿服务队。①1993 年克林顿政府签署了《国家及社区服务信任法案》，美国志愿服务得到国会财政的支持，并成立"国家和社区服务公司"，将美国境内的志愿服务人力与资源进行全面整合，开启了全国服务运动热潮。②

美国志愿服务不仅是国家文化的象征，更成为主观意识形态内化于人们心中。美国老年人受文化因素和自身优势的影响，参与志愿服务的热情很高，参与规模很大。

在美国，大部分由老年人参与的志愿服务工作的开展是在老年人居住及邻近的社区。由于受传统互帮互助价值观的影响，老年人参与志愿服务活动的意愿比较强烈。根据美国劳工统计局的调查，2008 年美国 65 岁以上的老年人参加志愿服务活动的人数约为 875 万人，占志愿者总数的 23.5%，有 2/3 的老年人有志愿服务活动参与意愿。③ 从志愿者形式看，美国 55 岁以上的老年人中大约有 70% 是志愿者，其中 10% 是正式志愿者，40% 是非正式志愿者，20% 则既是正式志愿者又是非正式志愿者。从老年人的服务偏好看，老年人更加倾向于宗教组织、与医疗健康有关的服务组织、公民政治组织。从参与服务的动机看，老年志愿者更注重帮助别人，保持自身活力。④

为了在积极老龄化背景下丰富老年人的生活，也为了对更多社会难题提供经验上的人力帮助，联邦志愿服务署（The Federal Vol-

---

① Perry J. L., "Civic Service in North America," *Nonprofit and Voluntary Sector Quarterly* 4 (2004): 167-183.
② 沈杰：《志愿行动：中国社会探索与践行》，人民出版社，2009，第187页。
③ Bureau of Labor Statistics, and U.S. Department of Labor, *Volunteering in the United States* (2009), 2009.
④ Okun M. A., and Schultz A., "Age and Motives for Volunteering: Testing Hypothesises Derived From Socioemotional Selectivity Theory," *Psychology and Aging* 2 (2003): 231-239.

unteer Agency）和非营利社会服务机构为老年人开发了多样化的志愿服务项目，如老年人军团（Senior Corps）、退休资深老年志愿者计划（Retired & Senior Volunteer Program）、退休经理服务团（Service Crops of Retired Executive）、和平团（The Peace Crops）、寄养祖父母计划（Foster Grand – Parents）及长青之友方案（Senior Companion Program）等。[①]

老年人军团项目形成于1960年，由联邦政府赞助开展。该项目规定，老年志愿者年龄应不低于55岁，且享受适当的补贴待遇。同时为了帮助有经验、有能力的年长工作者实现职业转变，让其在符合自己偏好和动机的环境下发挥自身价值，还建立了"Encore Fellow"基金。[②] 这一计划使美国每年有200多万老年人参与到社区志愿服务工作中来。其中寄养祖父母计划、退休资深老年志愿者计划、长青之友方案等都是老年人军团的一部分。这些举措都是通过政府及非营利社会服务组织的支持来发挥老年人力资本价值。其中，寄养祖父母计划于1965年开始实施，是当时美国的全国性示范项目，其主要目的是为60岁以上经济条件不佳的老年人提供适当辅助性收入，让低收入老年人能够通过自己的经验从事有意义的志愿者活动。该项目规定每一位参与其中的老年人的经济收入必须要低于联邦政府所规定的贫困线，且符合条件参与其中的老年人均能享受各种津贴待遇。在经过志愿服务培训后，其服务内容既包括对残疾儿童提供生活和情感上的关怀，也包括和有特殊需求的老年人建立友好关系。

长青之友方案则是为低收入、有自理能力且通过健康体检的老

---

① 曾华源、曾腾光：《志愿服务概论》，台北扬智文化事业股份有限公司，2003，第139~141页。
② 孙鹃娟、梅陈玉婵、陈华娟：《老年学与老有所为：国际视野》，中国人民大学出版社，2014，第144页。

年人提供志愿服务机会，主要为弱势老年人、残疾老年人提供健康
照料、家务服务、聊天谈话等服务，以帮助其减轻孤寂感，促进社
会互动和融入。该方案也会为老年志愿者提供津贴待遇，这是美国
非常典型的互助养老模式。实际上，美国 2002 年便开始启动社区合
作养老计划，通过促进商业机构、社区机构、老年人家庭及政府之
间的合作，鼓励老年人作为公共服务提供者参与社区互助活动，谋
求公共资源和私人资源之间的平衡，以此推动更健康的社区互助养
老生活模式。[①] 除了"以老助老"的志愿服务外，互助养老模式还
为居家老人设计了专业医疗照护。对于那些从事过专业医护工作、
具备专业医护知识的老年志愿者，可以让他们发挥其专业特长。在
基本生活照料服务外，也可以为需要照护的老年人提供质优价廉的
医护服务。寄养祖父母计划和长青之友方案皆为老年志愿者提供政
府津贴，以此鼓励老年人参与到帮助其他弱势群体的工作中来。退
休资深老年志愿者计划则属于非营利组织开展的，旨在鼓励退休老
年人发挥余热，把自己曾经的工作技能充分运用到志愿服务中来。[②]

二 英国老年志愿者活动

在建立福利国家以前，英国主要靠友谊社、合作社等非政府组
织来实现社会慈善互助。二战以后，英国开始走向由政府主导的
"从摇篮到坟墓"高福利政策模式，政府承担了社会公共服务的所有
具体事项，从此民间慈善组织和志愿服务组织的作用被大大削弱。
实际上，福利国家的建立需要有雄厚的经济实力支撑，英国在建立
福利国家的过程中面临着巨大的经济负担，并且与人们对于福利国

---

① 杨宜勇、张本波、李璐、关博、魏义方：《及时、科学、综合应对我国人口老龄化研究》，
《宏观经济研究》2016 年第 9 期，第 3～19 页。
② 〔美〕马克·缪其克、约翰·威尔逊：《志愿者》，魏娜等译，中国人民大学出版社，
2013，第 245～246 页。

家模式的渴望形成了巨大反差。20 世纪 70 年代石油危机的爆发使英国福利国家的建设受到严重影响。由于政府难以满足不断增加的社会需求，美国的非营利组织模式开始在英国逐渐被推广。1979 年撒切尔夫人发起了对福利国家模式的改革，鼓励国家福利责任以外的多元责任主体来提供社会服务，其中就包括非政府性质的非营利组织，只不过在英国没有"非营利组织"一说，只有"慈善组织"或"志愿组织"这样的名称。

1919 年英国成立了"国家社会服务联合理事会"，1980 年更名为"国家志愿组织联合理事会"（NCVO）。这是目前英国志愿服务中最具影响力的组织联盟，它在发挥民间志愿服务慈善机构作用的同时，与政府在提供公共服务方面进行合作。当然，政府除了提供公共服务以外，还出资购买志愿机构的服务以满足多样化的社会需求。由此英国形成了公共服务与民间慈善机构志愿服务相结合的志愿服务模式。

英国志愿者服务工作面向所有人群，包括身心有缺陷的残障人士、老年人、待业或失业人员。他们都有机会参加志愿服务活动，并且通过充分发挥技能和经验来实现自我价值，减少与主流人群的社会分化与隔离。这在一定程度上得益于美国退休资深老年志愿者计划的非营利组织模式在英国的推广。

英国老年人参加志愿服务的意愿甚至超过年轻人，这主要源于资本主义国家的老年人常常被贴上不独立、工作效率低下、受到健康和经济问题困扰等标签以致其难以有效融入社会，故而他们强烈希望退休后能在独立、高效、积极的环境中实现自身的发展，从而实现医学上所说的"高效老年化"。[①]"UK 2000 Time Use Survey"显示，16～24 岁的青年人平均每天志愿服务时间为 1 分钟，25～44 岁

---

① 〔美〕马克·缪其克、约翰·威尔逊：《志愿者》，魏娜等译，中国人民大学出版社，2013，第 245 页。

的青年人平均每天志愿服务时间为 2 分钟，45~64 岁的中年人为 5 分钟，65 岁及以上的老年人则为 8 分钟。2016 年英国皇家志愿服务调查显示，在 55~74 岁的老年人里有一半参加了志愿服务活动，该群体每年参加志愿服务的时间共计是 14 亿小时。由此可见，英国老年人参与志愿服务活动的需求比较强烈。

在英国，社区互助模式是国家志愿服务的特色，西方社区照护的志愿服务模式本身就源自英国。二战以后，英国在构建福利国家的过程中，为了让被服务人群回归家庭，社区照护逐渐取代了机构照护，这为社区志愿服务的发展创造了空间。英国鼓励发展社区互助组织，其形式主要分为简单互助和连续性互助，其行为也分为付费和非付费两种。随着福利国家体制的逐步健全，英国政府也为社区提供了政策和财政上的支持。政府还推行了"好邻居计划"，把退休的老年人组织在一起进行互助，还进一步发展了"时间银行"制度，为需要照护的人员提供互惠的邻里照顾。这让老年人在充分进行社会参与的同时，也能享受到可预期的养老服务。同时，英国作为老年友好社区建设的典型国家，还提出了终身邻舍计划，在老年社区参与过程中，开展代际交流活动、友邻互助活动以及为交通和环境规划提建议等。[①] 英国政府为参与社区活动的老年人提供各种经济福利，包括养老金信用、住房福利、市政福利，60 岁以上的老人可免交取暖费，75 岁以上的老人可免费享受有线电视，为满足老年人各种需求购买服务等。

三 日本老年志愿者活动

日本志愿服务活动可追溯至二战后。战后援助国家建设的相关工作使日本开展了有组织的志愿服务工作。同时，日本作为地震频

---

① 王德文、任洁：《论人口老龄化语境下老年友善社区的构建》，《厦门大学学报》（哲学社会科学版）2015 年第 5 期，第 125~135 页。

发的国家，自然灾害后的重建工作更离不开志愿服务组织在抢险救灾中的人力帮助。[①] 1995 年阪神大地震，日本政府援助滞后，而诸多志愿组织在抢险救灾中发挥了重要作用。灾后日本内阁将地震发生的 1 月 17 日定为日本的"防灾和志愿者日"，并于 1998 年出台了《特定非营利活动促进法》，使原本受到政府干预的民间公益非营利组织充分释放了活力，并获得了取得法人资格的机会，也使非营利组织的成立变得更为便捷。面对多发的灾难，日本老年人"退而不休"的志愿服务精神十分强烈，最典型的事例就是日本老年人组成的"老年敢死队"。2011 年福岛核电站核泄漏事故发生后，日本政府始终未能将问题彻底解决，而由退休核电专家和技工组成的 400人的"老年敢死队"秉持"不让年轻人来承担这项任务"的想法，毅然选择赶赴核泄漏现场进行紧急救援并开展防核行动。这支志愿者队伍完全是民间自发组织的，基本由 60 岁以上的老年人组成，其中最高年龄为 82 岁。他们用生命诠释了老年人的志愿精神和对生活勇敢、积极、乐观的态度。

老年志愿服务团体（即日本的老年人俱乐部）最早出现在 20 世纪 50 年代。该俱乐部是地方性的群众组织，老年人可在其居住和邻近的社区就近参加活动。这一团体不仅是老年人开展娱乐、学习、运动的重要平台，也是积极参与志愿者服务的重要部门。日本非常重视老年人俱乐部在国民生活中的地位，把其视为重要的、可加以利用的社会资源，并定期为其提供活动经费。在日本老龄化比较严重的社会背景下，该组织使老年人的人力资本价值得以有效提升。日本政府出台的《老年人俱乐部活动方针》明确指出："不仅是政府机构和地方公共团体，而且老年人自身都要为推进老年福利事业而努力。"老年人俱乐部让老年人转化为增进自身福利的重要力量，

---

① 张勤：《志愿者培育与可持续发展研究》，中国社会科学出版社，2016，第 180~181 页。

并为之不断做出努力。同时老年人俱乐部把退休老人组织起来，开展各种形式的学习交流活动、娱乐活动、志愿服务活动等，有效促进了老年互助养老模式的发展，增进了老年人之间的交流互动，提高了老年人的社会融入程度。

除了老年人俱乐部，日本社区也着重开发了许多由家庭、近邻、社区所组成的综合性组织。社区内的老年人活动多由"非营利组织"、"社会福利协会"、"町内会"及"自治会"来组织。1980年日本提出"家居式社区福利服务"，其目的在于通过居民自主自愿参与社区管理，来促使居民在社区福利模式上根据实际情况自主地做出选择，以此构建自主、自治的福利社区。其中"居民座谈会"是日本社区居民自主管理社区的主要形式，而老年人往往是居民中的主要力量。主持居民座谈会的人员往往是社区德高望重的老年人，参与成员则由社区自治会会长、社区福利团体代表、居民代表、老年志愿者代表等构成。他们通过大会讨论并协商，广集老年人对于社区建设提出的经验和意见，共同为社区福祉谋利。为不断满足老年人多元化、多层次的参与志愿服务的需求，日本开展了丰富的社区志愿服务项目，如日本中老年妇女组织的为帮助高龄老人的"铃之会""钻石俱乐部"等互助志愿者协会、扶幼计划项目、友好探访者项目等。此外，日本还在社区建立了"银发人才中心"，旨在提供规范化的服务和更多参与志愿工作的途径，真正实现"老有所为""退而不休""科学化社会参与"等政策目标。

日本的老年志愿服务组织数不胜数，有许多活跃在地方的志愿团体。较为著名的有NALC（Nippon Active Life Club）老年人团体、老年SOHO山鹰非营利组织、梦想教育支持网络等。NALC组织建立之初以关西地区为中心，目前已发展到日本全国各地，甚至其他国家都有分部。该组织有三大特色：一是鼓励老年夫妇共同参与，夫妇二人参与可减免一个人的会费；二是设立时间预存制度，即每完成一小时的志愿服务可得一积分（一个时间数），依此类推，可以为家人或亲属积累兑换享受照护服务的时间数；三是可以实现在异地委托当地组织会员对亲属或家人进行照护。NALC组织遍布日本全国，身居外地的子女可以委托父母居住所在地的组织会员来照顾父母的日常生活。未来也有可能发展跨国服务，这会为外出工作人员解决很大一部分后顾之忧。老年SOHO山鹰于1999年正式成立，2000年发展成为非营利组织。该组织也有三大特色：一是不做无偿劳动，其目标是让老年人充分发挥自己的能力，为社区服务，从而获得收入，在获得工作报酬的过程中，其责任意识和工作能力也能得到提高；二是与政府合作，该组织站在市民的角度完成政府无法办到的事情，缓解了政府财政支出的压力；三是与其他团体广泛合作，例如在2007年，以该组织为核心，同时联合町内会、社会福利协会、自治会以及各地区的非营利组织，从三鹰市教育委员会承接了守护小学生的"学校·天使"活动。①"梦想教育支持网络"是一个老年志愿非营利组织，2004年创立于三鹰市的某小学，其志愿者活动的主要特点是学校周边居住的老年人可以以"社区教师"的身份来课堂任教，帮助、辅导和监督学生学习，抑或是做"善良志愿者"，与学生一起参与课后活动。截止到2011年，三鹰市已有40位老人参与了为学校服务的志愿者活动，这是地方学校招募老年人做志愿教师的典例。由此可见，在日本，老年人不仅是志愿服务参与的主要力量，有时甚至是志愿者活动的发起者。

四 新加坡老年志愿者活动

20世纪70年代，新加坡的志愿服务活动开始受到政府的高度关注，他们将志愿服务活动纳入法律体系中，明确将每年7月设置为

---

① 〔日〕袖井孝子：《老年人是社会弱势群体吗——"养老计划"的时代》，李莉、周洁等译，世界知识出版社，2016，第99页。

志愿服务月，每年 4 月则设为关怀分享月，由此新加坡的志愿服务意识已上升到国家层面。在政府的强力推动和带动下，许多志愿组织在政府的赞助和支持下成立，这些组织可以得到政府提供的活动经费。

在新加坡，老年人一般被称为"乐龄人士"。相较于英国的高福利模式，新加坡主要通过低福利政策来实现老年人社会参与，例如给退休老年人设置养老账户最低存款额，迫使新加坡老年人晚年生活忙碌起来，以充实自己的晚年闲暇生活、增补生活所需，因为新加坡政府认为高福利只会养懒人。由于新加坡老龄化日益加速，政府进一步扩大了老年人的社会参与度。2017 年新修订的《退休与重新雇佣法令》将退休后年满 65 岁的老年人的法定受雇年龄进一步放宽至 67 岁，即只要身心条件允许，67 岁的老年人也拥有法定参与社会生活的权利。[①] 同时新加坡政府响应积极老龄化理念，于 1998 年成立了"乐龄义工"组织，该组织主要由乐龄志愿者设立，其主要工作内容是由老年人为社区提供服务，包括监督小学生学习、教导其他老年人学习和使用电子产品、担任机场大使等。2007 年，新加坡成立了"人口老龄化课题部长级委员会"，其工作重点是解决老年人社会参与问题，包括老年志愿服务作用的有效发挥，鼓励老年人继续为社会做贡献。2015 年在新加坡建国 50 周年之际，乐龄义工组织与 50 多家志愿服务团体和企业合作，在其国内 50 个地点主办了 50 项义工活动，并在"乐龄义工周"的志愿者活动组织形式的基础上，于同年 9 月在大巴窑开展了"乐龄义工月"的活动，其活动组织形式异彩纷呈，包括老年人教导弱势或残疾人做手工，到失智症日间中心探访病人，给小朋友们讲故事等。[②] 而在"乐龄义工月"活动中，乐龄义工组织推出了"享受有意义的退休生活——加入义工

---

① 《新加坡"乐龄族"员工退而不休》，《劳动报》2018 年 5 月 2 日。
② 《新加坡举办首个全国乐龄义工月》，《新加坡联合早报》2015 年 7 月 23 日。

行列"的老年志愿者计划。该计划与多家企业合作，鼓励其内部 45 岁以上的雇员做义工，并且积极参与社区活动。2015 年新加坡人民协会还成立了乐龄学苑，为培育年长的志愿者搭建平台。同时政府也创立了银色志愿者基金，不断协助和培训老年志愿者，并设立目标，争取在 2030 年之前，招募 5 万多名老年志愿者。①

2013 年新加坡活跃乐龄理事会②推出了长者伙伴计划。该计划主要是将生活方式被动的年长者与较为活跃的年长者进行配对，以此建立友谊、发展兴趣、丰富老年人的生活。这一项目被形象地比作"咖啡"和"面包"的配对，"咖啡"即较为活跃的年长者，"面包"即生活方式被动的年长者。进入这一组织的"咖啡"乐龄老人必须接受 12 小时的培训，掌握协助生活方式被动的年长者快乐生活的基本知识和技巧。这一活动不仅让老年人成为活跃乐龄大使，还使"咖啡"老人将积极乐观的晚年生活观念逐步传递给生活方式被动的老人，不断改变人们对年老的观念，让新加坡真正成为一个年长者拥有幸福、健康生活的国度。③

五　中国香港地区老年志愿者活动

在中国香港地区，志愿者被称为义工，是慈善工作中的中坚力量，已然闻名于世。香港义工开端于早期外来教会对当地贫困人群的帮扶。当时的传教士经常为有需要的人提供食物、医疗和教育援助。至 19 世纪晚期，形成了救济贫困人群的慈善团体。20 世纪 50

---

① 《新加坡推出"幸福老龄化行动计划"》，《深圳特区报》2016 年 3 月 14 日。
② 活跃乐龄理事会（Council for Third Age）是一家完全由政府资助的独立机构，主要承担老龄科研、老龄宣传、老龄产业管理的重要职责。它积极推动新加坡活跃乐龄文化，与社区和商业机构合作开发产品和服务，以满足老年人各种需求和兴趣。活跃乐龄理事会成立以来，竭力把"活跃乐龄"的概念引入新加坡本地，让退休后的日子不只是在家里看电视节目、照顾孙辈，或终日无所事事。理事会通过举办丰富多彩的活动，如活跃乐龄节、嘉年华和选美赛等，丰富乐龄人士的退休生活。
③ 《活跃乐龄理事会推出年长者伙伴计划》，《新加坡联合早报》2014 年 3 月 31 日。

年代，随着战争的结束、经济的复苏，大量的移民开始向香港涌入，这给香港社会慈善团体的发展带来很大冲击，于是政府开始介入志愿服务活动。1958 年，英属香港政府成立了社会福利署作为香港福利事业发展的政府机构，在为公众提供基本福利需求的同时，还资助民间志愿服务组织。20 世纪 70 年代，社会福利署资助成立的志愿工作协会更是推动了社会志愿服务工作的协调发展。因此，香港志愿服务团体迅速发展得益于政府和民间组织所形成的良性互动。香港回归祖国后，社会福利署又联合非政府志愿服务团体成立了义工委员会，发起了一场规模浩大的义工运动。广大社区、团体、单位、公民都被鼓励参加义工志愿服务工作。这对推动志愿服务工作的发展和志愿精神的传播产生了巨大作用。[1] 2014 年，香港登记义工人数已经超过 120 万人，其中 60 岁以上的近 15 万人，同时香港义工联盟也正式宣布成立。目前，香港义工遍布社会各界，义工服务内容也更加多元化，覆盖层面更趋广泛。[2]

　　香港老年人志愿服务活动是伴随老龄化的推进而发展起来的，同时也是社会福利署倡导的义工运动的重要组成部分。在香港，针对老年志愿者的长者义工计划是政府主导下的老年人参与志愿服务活动的重要项目，受到政府财政的支持。香港社会福利署将长者义工定义为"60 岁及以上"的人群。长期以来，在政府主导和扶持下，非营利志愿组织迅速发展，逐渐成为香港老年人参与社会生活的主要载体，老年义工服务建设也由此得到不断拓展，老年人群体也得以广泛参与到志愿服务中来。香港义工局 2009 年的调查显示，在受访的义工中，退休人士平均服务时间为每月 18 小时，比其他人

---

① 张勤：《志愿者培育与可持续发展研究》，中国社会科学出版社，2016，第 194 页。
② 《香港登记义工人数超 120 万　义工联盟正式成立》，中国新闻网，http://www.chinanews.com/ga/2014/06 – 15/6281799.shtml，2014 年 6 月 15 日。

群的服务时间高出 1～2 倍。[①] 同时，香港一些非营利志愿组织基本建立了督导会议制度，让高素质、专业性强的志愿者作为义工组织的带动力量。通过团体活动，交流分享服务过程中的感受和技巧，老年志愿者也得到了科学的行动指导和建议，减少了老年义工服务的盲目性。政府在立法和体制上也做出了一定的努力，为每个志愿者建立个人档案，对其志愿服务活动进行记录。通过逐步建立志愿者评估和激励体系，定期对表现突出的志愿者给予嘉奖。政府还制定了《社团条例》《津贴及服务协议》《服务表现监察制度》等法律法规，对志愿者及其服务工作进行管理监督，也为志愿者合法参与志愿服务活动提供了必要的规范约束。

在社区义工志愿服务中，长者义工是参与活动的主体人群，而年龄相对较小的老人为年龄相对较大的老人提供照护服务逐渐成为香港社区老年人志愿服务的新形势。在社区的义工服务机构中，60～70 岁的老年人占较大比重，他们在"体魄康健、生活乐观、心态平和"积极老龄化理念倡导下，在社区家庭义工服务、邻里陪伴服务、休闲活动义工服务、创意开发义工服务等诸多领域积极发挥自身"余热"和优势。这使老年人在参与社区义工服务过程中能够充分挖掘自身的生活志趣，合理自由地安排自身的工作时间，不断增强自身的志愿服务能力。[②] 由此可见，香港政府发起的"义工运动"在社区领域的开展对老年志愿者具有很大益处，不仅为他们实现社会参与提供了近距离的平台，也为老年人参与志愿服务工作提供了多元选择空间，使老年人能够发现适合自己的服务领域，将自身的兴趣、以往的工作内容和经验与志愿服务工作相结合，真正实现"退而不休、助己助人"的积极生活态度。

中国香港地区老年志愿服务行动也注重品牌建设和推广。中国

---

① 袁媛、谭建光：《中国志愿服务：从社区到社会》，人民出版社，2011，第206页。
② 谭建光：《志愿服务理念与行动》，人民出版社，2014，第206页。

香港地区资深的义工组织——"银色力量"设立了董事会及顾问团，其组成人员都是社会各界的知名人士。通过这种管理方式，以保证和引导银色力量的发展方向，同时使联盟能够更多地接触、获取、使用各种有用的信息和社会资源。"银色力量"的一个特别之处是聘任形象大使，通过形象大使进行主动宣传，推广跨代义工服务，达到既奉献社会又宣传自身的双重效果。注重品牌建设与推广的另一种方式就是进行嘉奖，通过颁发证书、纪念别针等形式来认可老年志愿者的工作和贡献。

第二节　经验与启示

从上述国家和地区的情况可以看出，老年志愿者活动无论在运作方式方面还是在运行规范方面都已日臻成熟，越来越多的老年人将志愿服务行为发展成为生活中的一种习惯和本能，在社会服务中发挥着非常突出的作用。同时，参与其中的老年人满足了参与需求。他们所积累的丰富理论与实践经验，对于促进中国老年志愿者活动的开展具有重要的参考价值。

一　政府倡导，政策支持

志愿服务活动虽然是自发性的，但是其在满足人民群众日益增长的社会服务需求方面却能发挥积极作用，对老年人而言，则是满足其社会参与需求的重要渠道和平台。只有政府倡导并加以政策支持，才能形成管理规范、服务完善、充满活力的志愿服务组织体系，才能推动志愿服务事业更有序、更长效。从前文介绍的国外和中国香港地区的实践可以看出，政府倡导、政策支持是基本经验。美国志愿服务事业的发展与联邦政府以"出资人"和"主办者"身份的深度介入密不可分。美国历届总统都把自己视为志愿服务的旗手，坚持不懈地倡导、推动和垂范，把推动志愿服务作为施政纲领的重要内容。美国政府通过一系列法律、制度、政策、项目运作来支持和推动志愿精神的发扬。美国先后颁布实施《和平队法》《国内志愿服务法》《国家与社区服务信托法》《国家与社区服务机构法》《马丁·路德金假日和服务法》《爱德华·肯尼迪服务美国法》等法律，建立了完善的法律保障体系，保障志愿者的合法权益，保护和支持志愿服务的发展。英国志愿服务在发挥民间慈善机构作用的同时，与政府在提供公共服务方面进行合作。政府除了提供公共服务，还出资购买志愿机构的服务以满足多样化的社会需求。由此英国形成了公共服务与民间慈善机构志愿服务相结合的志愿服务模式。新加坡的老年志愿服务活动也受到政府的高度关注，乐龄理事会就是一家完全由政府资助的独立机构，其承担的主要职责就包括老年志愿者活动的组织和开展。中国香港地区的长者义工计划是政府整体安老服务的重要一环，并在相关项目上给予经济支持。

政府的长期大力倡导和积极支持，使在这些国家和地区志愿者精神深入人心，志愿者形象受到社会的推崇和尊重。

二　非营利组织的充分发展

非营利组织一般是指不以营利为目的组织，它的目标通常是支持和处理个人关心或者公众关注的议题或事件，弥补政府供给的不足以满足社会需求。相对于政府提供公共服务来说，非营利组织成本更低、效率更高。非营利组织的充分发展极大地提高了志愿服务的组织化、规范化程度。发达国家和中国香港地区老年人的广泛参与正是得益于这些数量众多的非营利组织的培育和发展。

美国志愿组织完全实行社团化运作。美国的非营利机构数量庞大，发展迅速。据统计，1996～2006年，美国的非营利组织数量增长了36.2%，2006年底全国非营利组织的数量达139万个。这些组织正是志愿者和慈善捐赠活动的主要促进者和管理者。为促进非营利组织的健康发展和实现有效的社会管理，美国政府通常向非营利组织购买服务，并成立社会创新基金、志愿者培育基金等，提升非营利组织开展志愿者活动的能力。英国基本继承了美国非营利组织的形式。为缓解福利国家政府财政不堪重负的状况，英国政府积极鼓励国家福利责任以外的多元责任主体（包括非营利组织）来提供社会服务。日本在1998年出台了《特定非营利活动促进法》，使非营利老年志愿组织的成立变得更为方便，从而涌现出更加多元的老年志愿者服务组织。中国香港地区拥有历史悠久的公益慈善文化，逐步形成了蓬勃的志愿服务生态。① 大量非政府组织已成为提供社会福利服务的重要主体，这也是老年人参与志愿服务活动的重要载体。

三 拓展服务领域，满足老年人的参与需求

只有满足老年人兴趣和自身经历等特征的活动和项目才能激发老年人的参与热情，只有不断拓宽志愿服务领域的空间和渠道，老年人的参与需求才能够得到充分满足，如此才能真正形成有效参与的局面。从一些发达国家和中国香港地区的做法看，拓展活动领域突出"广"是普遍的经验。社区是老年人参与志愿服务活动的主要场所，从为老服务、助幼服务到社区建设和丰富社区居民生活，志愿者提供服务的范围越来越广，种类越来越多。除此之外，志愿服务活动还进一步向社区之外的其他领域延伸。

美国老年志愿服务项目涉及社区生活的方方面面。美国的老年人军团等诸多志愿服务计划和项目经过多年发展，不断完善，每个针对性很强的项目都延伸出诸多活动形式。香港的长者义工服务并不局限于社会福利服务的范畴，还包括长者协助政党的工作、参与

---

① 王晔：《从志愿服务组织看香港NGO服务管理模式》，《社团管理研究》2012年第10期，第51~52页。

互助委员会等领域。新加坡乐龄义工为社区提供多元化服务，同时相关组织也与企业进行合作，将服务范围拓展到社会各个领域。日本有综合性的老年俱乐部，开展丰富多彩的服务活动，老年人自己也根据当地老年人的实际情况发起特色社团组织，满足老年人多样化、多层次的参与需求。

四　建立保障和激励机制

老年人参与志愿服务活动象征着老年人心态的乐观与积极，这既是老年人健康生活的具体体现，也是社会进步的表现。但必须重视老年人特殊的生理、心理条件以及社会适应能力，让他们做到量力而行，同时要保障老年志愿者在社会经济、政治、文化环境中应享受的基本权益，让老年人在参与社会活动的同时也享受到社会给予的关爱和温暖。

美国联邦和地方政府通过立法和出台政策来保障与鼓励老年志愿者。2009 年颁布的《爱德华·肯尼迪服务美国法》规定，依据志愿者服务时数可以给予适当的补贴。如果老年人收入和资产水平在联邦政府贫困线 200% 以下，每小时补贴将相应提高。该法案授权一项"银色奖学金计划"（Silver Scholarship Program），为每年参加志愿项目超过 350 小时的老年人提供 1000 美元的奖学金，用来提高自身的受教育水平，或者帮助支付子女、孙子女的教育费用。设立有名额限制的"服务美国奖学金"，奖励参与国家急需服务（如教育贫困学生、节能环保、防灾减灾等）的志愿者。设立"再上场"奖学金，专门奖励被"国家与社区服务机构"派往相关非营利组织工作的 55 岁以上志愿者。一些州政府也通过税收减免等措施激励老年志愿者。

在英国，随着福利国家体制的逐步健全，英国政府为参与社区活动的老年人提供各种经济福利。这些措施在保障老年人基本生活的基础上，降低了他们参与志愿服务活动的机会成本，激发了他们参与志愿服务活动的动力。中国香港地区为长者义工建立了健康档案，旨在对他们的身心情况进行跟踪关注。

五 提高老年志愿服务的专业化水平

欲使志愿者的服务更高效、志愿服务的效果更理想，仅凭满腔热情是不行的，这需要志愿者的专业技能和相关机构（组织）的科学组织。前文介绍的一些发达国家和中国香港地区的经验就是通过制度设计和对志愿者进行专业培养等手段，来保证和提升志愿服务的专业化水平。

中国香港地区一些非营利志愿组织基本建立了督导会议制度，让高素质、专业性强的志愿者作为义工组织的带动力量。通过团体活动，交流分享服务过程中的感受和技巧，老年志愿者得到了科学的行动指导和建议。在美国，为老年人提供必要的科学指导，积极帮助他们更加便利地参与志愿服务工作。新加坡还成立了乐龄学苑，为培育年长的志愿者搭建平台，同时政府也创立了银色志愿者基金，不断协助和培训老年志愿者。这些专业化的指导工作，为进一步推进老年人参与社会生活提供了智力支持和可持续的动力，也使志愿服务更贴近服务对象的需求，志愿服务更理性、质量更高。

第三节 中国老年人社会参与相关政策存在的问题

从1994年的《中国老龄工作七年发展纲要（1994～2000年）》到2017年的《"十三五"国家老龄事业发展和养老体系建设规划》，中国老龄政策经历了20多年的发展进程。老年人社会参与是老龄政策的一部分，而"老有所为"作为老年人社会参与的集中概括，成为贯穿中国老龄政策发展演变的一条主线。但是，在引领、促进和保障老年人实现社会参与，尤其是参与志愿者活动方面，相关政策缺位严重，难以适应实践的需要和反映时代的要求。

一　老龄政策理念的滞后

中国老龄政策的制定在很多情况下是带有被动性的，往往把解决问题放在了首位而忽略了公共政策本身所具有的战略性、导向性和开拓性。在人口老龄化问题上，全社会对应对人口老龄化还缺乏正确认识，对人口老龄化的快速发展缺乏思想准备，对人口老龄化给社会经济发展带来的影响缺乏足够预见，对应对人口老龄化的战略谋划缺乏应有的重视，老龄工作还没有摆上突出位置。在这种情况下，公共政策对于存在问题的强调，往往会让人口老龄化的负面影响先于且多于正面影响，致使一提及人口老龄化，首先感觉到的不是迎来长寿社会的喜悦和幸福，而是对老年人持有的偏见和"包袱感"。在国家养老事业发展过程中，提倡的也多是其他群体（如社会工作者、青年志愿者）应该如何为老年人提供服务，而老年人自己开展自助互助活动尚未得到重视。这种消极意识导致的直接结果就是社会对老年人的偏见和歧视，致使老年人群体在社会中处于被动的、受歧视的、被边缘化的地位。

而且，老龄政策一味强调老年人需求的满足，忽视对老年人主观能动性的激发，也会强化标签效应所带来的消极的自我暗示和归因偏差，从而使老年人丧失进取精神，并增加对外界的依赖。

这种理念上的偏差在政策上的体现，必然产生两种后果：一是在社会上形成老年人是"包袱"的心理定式，影响对老年人的价值判断，不利于营造有利于老年人实现社会参与的环境氛围；二是这种心理定式作用于老年人，会使其产生畏于参与的心态，造成老年人对社会活动难以产生积极的反应，这是老年人社会参与的根本性制约。

二　社会参与政策法规概念化

目前，中国老龄政策关于老年人社会参与的问题仍处于概念化的状态。这种概念化的状态既体现在参与目标上，也体现在落实措施上。在确立了"老有所为"的宏观目标却没有相应的成体系的具体政策相对应的情况下，针对各地区和不同实施项目的具体特殊政策就处于缺位状态。比如，新修订的《老年法》以及各地出台的《老年人权益保障条例》，其原则性、宏观性、倡导性条款较多，而操作性、微观性、约束性条款较少，缺乏具体的解释规定和支持措施，相关部门也没有制定配套规章。

老年人群体有其特殊性，老年人参与社会是一个复杂的、系统的动态过程。作为老年人的基本权利，国家应该为每一位老年人的社会参与提供合理、平等、普遍、适时、适度以及不分性别、不分阶层的自由、自主参与的环境和保障平台，建立全方位的社会支持体系。而概念化的参与政策一方面无从落实，另外也给各级各地提供了随意解读的空间，容易导致国家政策的碎片化。

三　老年人志愿性参与的政策依然薄弱

老年人参与志愿者活动是老年人参与社会的主要渠道，但是在中国老龄政策中还没有被给予应有的关注。在中国 20 多年的老龄政策发展历程中，鼓励老年人志愿性参与的政策理念的首次表露是在1994 年印发的《中国老龄工作七年发展纲要（1994～2000 年）》中。具体表述是："实现老有所为，发挥老年人的作用。鼓励、支持低龄和健康老人在自愿量力的前提下，参与社会发展，推动社会精神文明和物质文明建设。"其后在《中国老龄事业发展"十五"规划》和《中国老龄事业发展"十一五"规划》以及 1996 年版的《老年法》中也都有类似的内容。

　　在国家老龄政策中首次提及"老年志愿服务"是在《中国老龄事业发展"十二五"规划》中。在其中的"扩大老年人社会参与"部分中提到了"广泛开展老年志愿服务活动"。在 2013 年新修订的《老年法》中，专门在参与社会发展的内容中增加了"参加志愿服务"的内容，这是中国首次在涉老政策法规中明确将参加志愿服务活动列为老年人参与社会发展的一项内容。2017 年国务院印发的《"十三五"国家老龄事业发展和养老体系建设规划》更在"扩大老年人社会参与"一章中专门将"发展老年志愿服务"单列一节。这充分反映出老年人参与志愿服务活动这一形式在实践中所体现出的重大意义被国家所认可，并对此进行经验总结和实践推广。

　　可见，老年人参与志愿服务活动是随着中国老龄化进程和志愿服务事业的发展而逐步进入老龄政策视野的。但是，从相关政策规定可以看出，对于老年人的这种参与形式只是有了方向性和原则性的指导，还没有形成一个明晰的概念和政策思路，诸如工作机制、运行方式、职能定位、经费来源、志愿者权益保障等问题都没有相关政策予以涉及。

　　中国于 2017 年正式发布并实施的《志愿服务条例》是中国第一部关于志愿服务的专门性法规。天津、辽宁、浙江、河南等地先后出台了新的地方志愿服务法规。但是，无论是国家层面还是地方层面均未将老年志愿者作为一个特殊而特定的群体加以体现。特别是在新修订的《老年法》公布施行后各地先后出台的《老年人权益保障条例》中，"参加志愿服务"的字眼和提法均未出现，这说明地方政府还没有将老年志愿者或者老年志愿服务纳入工作范畴，也没有形成引导和推动其发展的决心和意志。

　　政策法规的薄弱甚至缺失导致中国老年志愿者及老年志愿服务组织在发展中面临种种问题，难以保证其发展的持续性。这既制约了志愿服务精神的传播，也不利于老年人对志愿服务活动的有效参与。

第四节　推进中国老年志愿者活动的对策

本研究表明，老年人参与志愿者活动是中国实现积极老龄化的重要途径。这就使切实推进中国老年志愿者活动的广泛开展显得格外重要而迫切。本节基于宏观和微观两个层面对中国老年志愿者活动进行的分析，通过考察中国现有老龄政策并在借鉴国内外经验的基础上，探讨中国老年志愿者活动的发展之路。

一　把握正确的舆论导向，树立科学的老龄意识

意识是行动的先导，只有树立科学的老龄意识，才能形成有利于老年人社会参与的社会氛围，这是老年人实现有效参与的基础条件。而科学老龄意识的形成离不开宣传和倡导，具体要从以下三个层面着手。

一是政府倡导。政府所倡导的理念一般能获得社会的积极响应。首先，政府要在所有涉及老龄问题的政策文件中，强调老年人社会参与的重要意义并提出指导性方案。通过向媒体和教育体系提供积极老龄化信息，使社会扭转对老年人的负面认识，让全社会认可《联合国老年人原则》中对老年人"独立、参与、尊严、照料和自我实现"的要求，承认老年人为家庭、社会、国家所做出的贡献。其次，政府要积极推动老年人社会参与，形成可操作性的政策，并推动落实。对于老年人社会参与的典型事例要进行经验总结，并大力推广。

二是媒体宣传。媒体的覆盖面大、渗透力强，正确的舆论导向和高度的舆论关注对树立老年人的正面形象会起到事半功倍的效果。如果媒体经常呈现年轻的美感和力量，强调年轻的重要性，不断展

示老年人沧桑、孱弱、孤寂的形象，人们就很难对老龄化和老年人形成正面态度。因此，要通过报刊、广播、电视以及新媒体平台广泛传播老年人的正面形象和社会贡献，并使之深入人心。通过宣传，改变"老而无用"的旧观念，树立"老年人是资源"的新观念；改变老年人是"单一消费性"的旧思想，树立老年人是"消费性兼生产性"的新思想；改变老年人只是"享清福""颐养天年"的旧观念，树立老年人能继续为社会做贡献的新观念。[①]

三是学术研究导向。学术界的研究方向和研究成果是新闻媒体的关注点，也是国家政策的参考。在老龄问题的研究上，关注的重点一直以来都是老龄化带来的"挑战"，用将老年人口按照年龄界限全部划为被负担人口计算出的"老年负担系数"来研究社会保障，研究投资和生产等。这种"一边倒"的学术研究，忽视了老年人的社会价值及其潜能的发挥所产生的创造力。基于片面认识所产生的研究结论必然对政策决策产生不利影响，同时也使民众对老龄化产生误读，形成面对老龄社会的"悲观论"和"恐惧感"。这种情形如果得不到扭转，就会制造社会代际关系紧张，出现歧视甚至仇视老年人现象的严重社会后果。对此，学术界有责任向社会传递一个客观而全面的老龄化景象，既要强调其"挑战"的一面，也要研究其所带来的"机遇"。让人们认识到，那种把老年人当作"负担"和"包袱"的观点是片面而且有害的，不仅不利于社会的发展，而且会加大负面作用；合理开发利用老年人力资源，不仅可以减轻人口老龄化带来的不利影响，而且将进一步提升社会可持续发展的能力。

树立科学的老龄意识，使人们能客观科学地认识老龄社会，增强应对老龄化挑战的信心，有利于改变传统上对老年人群体的消极

---

① 黄继济：《略论老有所为》，"关注人口老龄化与构建和谐社会"研讨会会议论文，广西宜州，2005年12月。

评价，重塑老年人的社会形象，也能激发起老年人群体对自身潜力的认识和挖掘。只有思想问题解决了，才能形成促进参与的支持性环境和参与的动力。

二 发展老年志愿组织，倡导老年志愿服务工作

中国的人口结构具有开展老年志愿服务活动的潜在的人力资源优势，但是人们对老年志愿者和老年志愿者活动的了解还停留在简单的认知层面，正规的老年志愿组织并不多见。这就需要整合利用各类资源，从政策上倡导，舆论上支持，依托组织机构，提升对老年志愿服务的认知度和参与度。具体操作上要从社区化、组织化、专业化、日常化方面实现老年志愿者活动的长足发展。

首先，以社区为基本单位，构建老年志愿者活动参与平台。立足社区，建构"家门口"的老年人社会参与平台，是推进老年人社会参与的最为现实且最为可行的方法。"社区小社会，社会大社区"，这就意味着在老年人社会参与问题上社区具有其他任何单位无法比拟的优势，它拥有丰富的社会资源，能够提供多种社会参与场域，满足不同兴趣、不同能力、不同经验的老年人的参与需求。而且，老年人与社区的关联度高，参与社区活动能极大地提升自身的福利，老年人具有参与的动力和积极性。

在这方面，政府和社区基层组织应该敏锐地发现志愿服务及其组织发展的生长点，有组织地发动长期居住在社区的老年人自愿参与社区建设和社区管理，为其贡献余热搭建平台。社区要鼓励各类自组织的发展，尤其是老年群众组织的发展，并加强对其引导、扶持和整合。

其次，以非政府组织为依托，大力发展老年志愿组织。从国外和中国香港地区的经验来看，老年志愿者的广泛参与与非政府组织的迅速发展密不可分。在很多国家，非政府组织已被纳入老龄事业

体系框架，为积极应对人口老龄化发挥着重要作用。但是目前在中国，非政府组织面临着法律政策支撑、自身能力和社会地位等方面的问题，难以满足社会需求。政府应充分认识非政府组织的重要作用，为其发展创造良好环境。特别是在应对人口老龄化政策框架中，确立非政府组织参与老龄事业发展的地位，将其纳入老龄事业发展规划当中，为其参与老龄事业提供法律政策保障和广阔的发展空间。

同时，非政府组织自身要积极适应这一新形势，在老龄事业中找准功能定位和自身工作的切入点。非政府组织要重视老年人的作用，将老年人作为其重要的人力资源来源，依据业务特点，分职业、分技能地组建老年志愿者队伍，朝专业化方向发展。

再次，将老年志愿者队伍充分调动，实现活动的常态化和可持续发展。志愿者活动要永葆生机与活力，除了积极参与各种大型活动和日常维持治安等活动外，还需要在以下三个方面着力。一是老年志愿者动员。要创新优化志愿者动员机制，形成符合条件的老年人踊跃进入志愿组织，参与志愿服务活动的格局。二是常态化培训。组织定期培训，使志愿者掌握新信息、新技能；建立督导制度，强化经验分享和检视不足。三是创新。只有创新才能不断激发新活力，通过宣传动员、激励机制等多元化、多途径的创新手段和方式，不断拓展服务领域并开展形式多样的活动。

最后，在各级各类组织发展的基础上，开展多层次、多形式的老年志愿者活动，以满足不同老年人的参与需求，促进老年人的广泛参与。具体而言，一方面建立针对一般老年人和老年人才等不同层次老年人的参与途径，让他们在感兴趣的领域充分发挥潜能。当前要注重对已经开展的活动加大力度，深入推进，如"银龄行动"、"爱心助成长"志愿服务计划以及各类老年专业协会等都是很好的老年人才参与平台，要形成长效机制，让其发挥实质性的作用。另一方面，在不同层次的活动上要拓展服务领域，创新服务项目，形成多种形式的参与途径，既满足不同兴趣、爱好和经验的老年人的参与需求，又满足民众不断增长的多样化的服务需求，从而形成服务供需的"无缝对接"。

三　发挥政府的积极作用，保障老年志愿者活动长效发展

老年人社会价值的发挥，离开政策的保障是很难实现的。在中国政治文化氛围中，民众形成了信赖政府、依靠政府的心理定式，政策具有很强的导向和支持作用。政策在实现老年人社会价值过程中的作用是其他任何因素所无法比拟的。虽然志愿服务活动大多是非政府行为，但在目前中国公民社会尚未发育成熟的背景下，政府的推动和支持对老年志愿者活动的健康发展有着十分重要的意义。国内志愿服务方面的现实情况和老年志愿者的特殊性也决定了老年志愿者活动要持续深入发展离不开政府的大力支持。

（一）发挥政府的支持作用

要发扬志愿精神，政府就要给予支持。中国老年志愿服务并没有像青年志愿服务那样得到广泛认同和支持，政府有关部门应该重视老年志愿服务的发展，将其打造成志愿服务中的特色领域，大力推动，精心组织。

1. 政策法规支持

当前，中国老年志愿组织、老年志愿者活动以及老年志愿者均发展迅速，但因为缺乏相应的法律政策环境的保障，无论是组织还是参与其中的群体在开展活动中均面临不少尴尬和困惑。要实现老年志愿服务活动的长效发展，就要构建政策法规体系，以使其具备持续发展的力量。只有在确立志愿者及志愿服务活动的法律地位、建立健全志愿服务工作认可制度及相关法律法规保障的基础上，才

能有效激励全社会的参与，进一步推广老年志愿服务活动。① 因此，推进老年志愿者活动方面的立法，明晰各方主体的权利义务和责任界定，保障老年志愿者及其所在组织的地位、权利和利益，已经成为推动中国老年志愿者活动深入发展的当务之急。同时，老年人群体的特殊性加大了外部环境的复杂性和不确定性，为保障参与者的安全并维护其合法权益，政策法规体系中设置安全监护机制和司法申诉机制也非常必要而迫切。

2. 资金支持

经费的不足是阻碍中国老年志愿者活动规模化持续发展的主要问题。尽管老年志愿者参与志愿服务活动一般不领取任何报酬，但志愿组织的日常运行以及活动的持续开展都需要大量经费。现实中确实有一些热心的企业家和个人捐款资助，也有社区提供一些活动经费，但经费来源单一，且持续性和稳定性缺乏保障仍是个现实问题。目前中国各级政府对志愿服务的经费保障还没有制度性安排，尽管《志愿服务条例》规定"县级以上人民政府应当将志愿服务事业纳入国民经济和社会发展规划，合理安排志愿服务所需资金，促进广覆盖、多层次、宽领域开展志愿服务"，但是在诸多省市制定的各类"制度""办法""意见"中鲜见有对志愿服务资金保障的明确具体的规定。

中国政府有必要借鉴国外的做法，加大对老年志愿者活动经费的投入。政府对于老年志愿服务活动的资金支持应从以下三方面进行探索。

一是财政支持。政府将志愿服务事业纳入国民经济和社会发展规划，制定鼓励政策并提供必要的资金扶持。每年在保持合理增长的基础上划拨老龄工作专项经费，保障各级老年协会和其他志愿性

---

① 陈虹霖：《老年义工：老龄工作新视角——从香港安老经验谈上海策略》，《社会福利》2007 年第 9 期，第 30~31 页。

社团的基本运行。各社区可在公共运行维护经费中安排一定比例资金用于老年协会和其他志愿性社团的建设和发展。另外，制定老年协会和其他志愿性社团规范化建设评估考核体系和表彰激励机制，采取以奖代补的方式对达到标准的社团给予扶助。

二是政府购买服务。政府购买服务是志愿服务组织获取运转资金的重要来源。志愿服务组织想成功获得政府购买服务，就必须按照志愿服务市场需求、政府志愿服务定位、国家社会发展的需求开展志愿服务。民政部每年都会在社区基层治理上投入大笔资金，但政府有限的经费更多倾斜于成熟的志愿服务组织，对于很多新兴的草根志愿服务组织关注较少，抱持观望态度，这在客观上制约了志愿服务组织的成长。建议一方面要加大政府购买服务的力度，另一方面则要对那些建立时间较短、规模较小但组织机构完善、发展势头较好的老年志愿服务组织通过倾斜性政府购买项目给予重点扶植和培育，以促使其在较短的时期内成长壮大。

三是设立并发挥专项志愿服务基金的作用。目前中国很多地方在政府主导下发起成立了志愿服务基金会。支援社区基层治理、培育社区组织是很多基金会支持的重点领域，如中国志愿服务基金会成立的"邻里守望·志愿社区"专项基金对推动志愿者参与社区建设和发展发挥了积极推动作用。建议各地的相关基金会设立专门培育和支持老年志愿服务组织的项目和专项基金，并加大宣传力度，鼓励和动员社区老年志愿服务组织积极申报，使其从中获取组织发展的资金支持和业务指导。

3. 组织支持

中国志愿服务组织在总体上还存在着数量不足、能力不强、发展环境有待优化等问题。而这些问题在老年志愿服务组织上体现得更为突出。因此，培育和发展更多的老年志愿服务组织是老年志愿服务健康持续深入开展和老年人实现广泛社会参与的基础。

　　一是推动基层老年协会建设。老年协会在民政部门正式登记注册管理中被界定为社会团体，是独立自主开展以老年人为中心的服务组织。随着发展的深入，基层老年协会日益成为地方治理中的重要活动主体，充分发挥着提供公共服务、培育社会资本等方面的积极作用。

　　国家非常重视基层老年协会的发展及其作用的发挥。新修订的《老年法》以及《中国老龄事业发展"十二五"规划》《"十三五"国家老龄事业发展和养老体系建设规划》《国务院关于加快发展养老服务业的若干意见》等多项文件都对老年协会提出了一系列要求。特别是 2015 年《全国老龄办、民政部关于进一步加强城乡社区老年协会建设的通知》，要求各级老龄部门、民政部门把提高城乡社区老年协会覆盖率作为老年协会建设的首要任务，并制定了到 2015 年底完成城市社区老年协会覆盖率 95%、农村社区老年协会覆盖率 80%的规划目标。

　　老年协会本身是自我管理、自我教育、自我服务的群众组织，同时又广泛参与社会建设和社会治理，从其性质和活动内容看均符合志愿服务的要求和宗旨。老年协会作为老年人的利益代表组织，因其较强的组织性和社会公信力而对老年人具有天然的吸引力。大力推动基层老年协会建设，对于创新社会治理和加强基层老龄工作所产生的重要意义和影响已被一些地区的深入实践证实。

　　但是目前中国老年协会发展面临着诸如定位不清、管理混乱等种种问题，使老年协会的功能和作用受到极大限制。各级老龄部门和民政部门一方面要加强领导和管理，推进基层老年协会建设，实现全覆盖；另一方面要加强规范化建设，在组织架构、人员配置、办公及活动场地配置、资金支持等方面做出规范设计，以保障和推动老年协会充分发挥作用。同时，可以引入专业社会工作的力量参与老年协会建设。如陕西省老龄办邀请陕西助老汇社会工作发展中心建立"陕西省基层老年协会孵化基地",以全面推进"基层老年协会规范化建设工程",就是在充分发挥第三方社会组织的专业和技术优势助力老年协会成长。

二是支持社区建立老年志愿服务组织。目前,在中国很多地方,社区居委会由于其较重的"官方色彩",社区工作者难以有动机将时间和精力投入见效慢而且前期可能产生更多工作压力的发展老年人参与志愿服务等社区基层自治工作上,[①] 从而导致社区志愿服务供给机制缺位。因此,老年人参与社区志愿服务的情况并不乐观,普遍存在着组织发动不够、管理较为分散、活动缺乏创新等问题,老年人参与积极性不高,也缺乏畅通的参与途径。

党的十八大以来,中国全面创新社会治理体系,党的十九大报告更提出了打造共建共治共享的社会治理格局的明确要求。在此背景下,中国社区治理主体与治理方式也逐渐发生转变。首先,政府放权给社区,鼓励多元主体积极参与社区治理;其次,建设服务型基层党组织,将党建工作与社区治理结合起来;再次,基层社会组织广泛参与社区治理,以其自身的资源和能力参与社区事务管理,提供相关的公共服务;最后,居民作为社区建设的主体力量,也开始走出家门,关注并参与社区公共事务。[②] 显然,这种转变为社区社会组织的发育和成长创造了契机。

《关于支持和发展志愿服务组织的意见》以及各地印发的《关于支持和发展志愿服务组织的实施意见》进一步推动了地方通过给社会组织降低门槛、给社会组织备案,同时提供资金与政策支持以及建立孵化基地等方式,鼓励社会组织积极参与社区治理。

---

① 李娟、夏宇凡、杨宝婷:《以互助文化为引领创新老年人参与社区志愿服务》,《老龄科学研究》2018 年第 9 期,第 46~54。
② 金太军、张国富:《基层政权、社会组织和居民参与社区治理的策略性合作》,《阅江学刊》2019 年第 2 期,第 29~36 页。

社区有许多志愿组织可挖掘的领域，如环境保护、资源节约、互助养老、关心下一代等，这些不仅属于志愿组织的服务范围，而且是社区自身运转和发展不可或缺的因素。因此，社区要鼓励和支持老年志愿服务组织的建立和发展，并根据社区实际、群众需要和成员的兴趣爱好细分功能性组织，不断拓展服务领域，扩大志愿服务覆盖面，形成促进广大社区老年人多元化、多层次社区参与和社区实现共建共治共享新格局。

（二）发挥政府的激励作用

在发展老年志愿者活动的过程中，政府的激励作用很重要。

一是造势。新闻媒体和有关部门要加大对老年志愿者活动的宣传力度，大张旗鼓地宣传、表彰在志愿者活动中涌现出的先进集体和先进个人；组织专项活动，举行注册志愿者宣誓仪式；充分利用社区的优势，注重对老年人参与志愿服务活动的宣传动员以及各类奖励激励措施的设置。如此，多管齐下，努力在全社会营造浓厚的舆论氛围，形成全社会都来关心、支持和参与志愿者活动的良好局面。虽然志愿者从事志愿服务活动的目的不是获得表彰，但是要弘扬志愿精神一定需要表彰。这种表彰是对志愿服务的肯定，是对老年人精神面貌的展示，也是对社会号召的响应。

二是激励。大部分老年志愿者参与活动的目的是追求精神心理的满足，而在参与活动过程中给予一定的激励对于满足其精神心理需求的效果同样显著。因此，要建立多层次、多元化和个性化的激励机制，使老年志愿者多样化、个性化的需求得到适时、适度的满足，激发老年人参与志愿服务活动的主动性、积极性和创造性。对老年志愿者的激励一般包括精神情感性激励和服务及物质性激励。精神情感性激励，如组织优秀志愿者评比活动，对志愿者中的优秀者给予一定的精神奖励和物质奖励；通过新闻媒体大张旗鼓地予以宣传报道，使志愿者的服务行为及时得到社会的肯定；尊重他们的劳动成果，认真听取他们的意见等。服务及物质性激励，如为老年志愿者参加老年大学、各类文体娱乐组织以及就医出行等提供便利和优惠；探索和推行"时间银行"模式，为志愿者提供可预期的服务回报；① 建立志愿时长积分制度，设立公益超市。如案例 7-1 中的马鞍山市的"公益超市"就是一种志愿激励回馈体系，是志愿者服务他人得到的相应回报，更是对志愿者服务价值的充分认可。

> **案例 7-1**
>
> ## 志愿服务换积分，让爱心"双向循环"
>
> 一桶油，80 分；一袋米，100 分……5 月 8 日，马鞍山市杨家山社区开办了一家"公益超市"。超市所有商品"标价"都是"分数"，用钱买不到，只能用志愿服务积分"购买"。超市商品琳琅满目，大多由社会爱心人士和单位捐赠，超市就开设在社区服务大楼一楼，吸引了不少市民驻足。
>
> "这对我们是极大的肯定和鼓励。"吴艳秋是社区一名老志愿者，她说，现在大伙儿都争着做志愿服务，抢着挣"积分"。在 5 月 6 日举办的杨家山社区楼栋长制度试点启动仪式上，吴艳秋等 72 人被确定为社区"楼栋长志愿者"，主要参加社区组织开展的文明创建等各类志愿者活动，当好社区"宣传员、信息员、劝导员、调解员、组织员"。
>
> 杨家山社区制定了细致的楼栋长志愿者积分管理制度。根据

---

① "时间银行"模式目前在南京、南宁、重庆、成都等城市都有实践探索。有些地方政府也开始重视并支持推动其发展。如武汉市政府印发《武汉市推进"互联网＋居家养老"新模式实施方案》，提出"探索建立'养老志愿服务时间储备银行'运作机制"，鼓励社会人员注册成为居家养老服务志愿者。

制度，日常汇报 1 次信息记 1 分；参加社区活动每次记 2 分；慈善捐款每 10 元，积 2 分；结对空巢老人、孤寡老人、困难家庭、失独家庭等，每个积 10 分；认领楼道包干责任区的志愿服务，每个积 10 分；无偿献血 200 毫升，积 20 分；等等。积分累积到一定数额时，可到"公益超市"兑换相应的物品，还可兑换志愿服务以及免费参加社区举办的体检、旅游等活动。

"深化'楼栋长'制度，开办'公益超市'，让爱心'双向循环'。"花山区民政局局长高旭东介绍，由市民政局、花山区牵头实施的"楼栋长志愿者"试点工作日前正式启动，杨家山社区成为马鞍山市首个试点单位。"楼栋长志愿者"试点工作将通过引入第三方社会组织进行管理、培训和建设"公益超市"进行积分兑换激励等形式，引导广大楼栋长志愿者及更多居民参与志愿者服务活动。试点成功后，这项工作将逐步向花山区乃至全市推广。

（《马鞍山日报》2016 年 5 月 10 日）

三是保护。良好的制度保障能够使志愿者更安心地参与志愿服务。老年人从事志愿服务活动会出现体力不支、精力不足、心理脆弱等情况，在开展志愿服务过程中，面临着诸多问题和隐患。因此，构建一个完善的志愿服务机制和良好的社会环境以及相应的配套保护措施，让老年志愿者在服务过程中更安心、更顺心、更开心，这对促进老年人广泛而有效的社会参与意义重大。

对老年志愿者的保护要着重关注两个方面。一是法律和制度保护。将老年志愿者活动纳入受法律保护的框架。二是来自志愿组织的保护。志愿组织是老年志愿者的组织者和直接管理者，对老年志愿者的安全负有直接的责任。有关组织和部门要建立完善的老年志愿者人身安全保障机制。首先，要经常性地对老年人进行安全教育和自我防范保护技能的培训，如活动前注意事项、突发事件的处理办法等。其次，要为老年志愿者建立健康档案，时刻关注他们的身体状况，为他们更好地参与志愿者活动提供帮助；与老年志愿者及时沟通，对遭遇恶性事件的志愿者提供心理疏导，避免其产生心理阴影。再次，为老年志愿者购买健康保险或者协调主办方为志愿者办理意外保险，让他们感受到组织的关怀，提升他们的参与热情。最后，志愿组织要加强对活动主办方的资质审查，谨防出现将志愿者当作"廉价劳动力"的情况，而且要为维护老年人合法权益提供必要的帮助，特别是遇到因参与志愿服务活动而权益受损的情况，要作为主体参与维权。

凡此种种，皆以"以人为本"为原则，在保障老年志愿者安全的同时也激发老年人的参与志愿服务的热情。

四　专业社工介入培育社区老年志愿组织

在打造共建共治共享社会治理格局的潮流中，"三社联动"① 成为提升社区居民参与度和自治能力的重要实践模式而受到关注和推崇。2018 年《政府工作报告》指出，促进社会组织、专业社会工作、志愿服务三者的健康发展，并以此推动共建共治共享的社会治理格局。民政部也在积极指导各地开展实践，积极推动"三社联动"机制建设。在此背景下，专业社会工作介入社区老年志愿组织培育发展也就具有了理念基础、政策基础、实践基础。

专业社会工作介入社区老年志愿组织培育发展就是充分发挥社会工作者在组织策划、项目运作、资源链接等方面的专业优势，提升老年志愿服务开展的专业化、规范化程度。

---

① 所谓"三社联动"，是指在社区治理中，以社区、社会组织、专业社工为载体，推动多方共同参与。

（一）专业社工介入老年志愿组织培育模式

在专业社工介入社区老年志愿组织培育过程中，社会工作者扮演着主体角色。首先，社工在培育的过程中有着多重身份，既是协调者、组织者，又承担着教育者的角色。既负责对老年志愿者进行培训，同时还对整个培育过程进行监督与调整。其次，社工还要与志愿者建立平等合作关系，要尊重老年志愿者，要能够从优势视角看到老年志愿者的潜力所在，以提升老年人的自我效能感。

老年志愿组织的培育是一个动态的上升过程。在这个过程中，社会工作者运用三大方法，在不同的培育阶段发挥不同的作用，共同推动形成社区志愿组织发育、成长的有效机制，即使社会工作者退出，社区志愿组织依然能够平稳运行。具体的培育模式如图7-1所示。

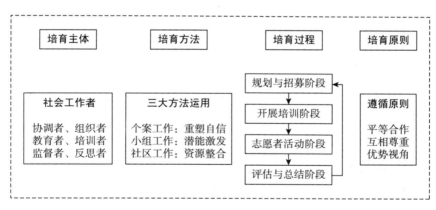

图7-1　专业社工介入老年志愿者培育过程及培育模式

（二）专业社工介入老年志愿组织培育的工作方法

专业社工通过利用个案工作、小组工作和社区工作这三大专业服务援助方法，在各个阶段关注优势、强化合作、挖掘资源，实现重构社区老年志愿者动员机制，进而为集体行动搭建平台的目标。

1. 个案工作：重塑自信

以个案工作的形式介入主要是帮助社区老年人成为一名具有志愿服务意愿和能力的志愿者。其具体目标包括以下几个方面。

（1）消除老年人情绪困扰，重新认识自己的支持系统，增强其志愿服务动机，重新参与社会。

（2）改变老年人的错误沟通方式，使其具备良好的人际沟通技巧。

（3）改变周围人对老年人的"刻板印象"，重构老年人社会支持网络，增强自我效能感。

（4）挖掘老年人潜在优势，使其自身优势与社区需求相结合，实现其自身价值的发挥。

（5）精准识别志愿者的兴趣、能力和参与强度，并据此优化组合，实现高效参与。

（6）为老年志愿者提供心理疏导和情感支持，纠正其心理和行为偏差，辅助其重新正确评价自我。

个案工作是社区老年人和志愿者问题解决和能力提升的阶段。社会工作者遵循社会工作专业价值和伦理原则，以优势视角理论为指导，运用个案工作相关助人技巧对老年人提供帮助，进行心理建设和推动能力提升，使其重塑自信，最终促进老年人行为的改变，形成社区老年人热情参与和志愿者有效参与的氛围。

2. 小组工作：潜能激发

小组工作的主要目的是通过小组成员之间有针对性的互动和资源交换，使参加小组的个人获得行为的改变、社会功能的恢复和发展的工作方法。社会工作者参与小组筹建、小组规则和活动方式的形成。在一个开放的系统中，社会工作者作为组织者带领小组成员有步骤、有计划、有针对性地开展一系列活动，通过活动计划、实施、评估、经验分享等，促进老年人态度及行为的改变，实现群体的成长。小组社会工作最大的特色在于其持续性的互动行为，小组成员在活动中可以找到归属感以及提升自我的途径。案例 7-2 反映的就是小组工作的具体实操过程和效果。该案例是北京 QM 社会工作事务所承接的北京市民政局"'三社联动'——魅力夕阳红老年志愿组织健康发展服务"项目的运行情况，就是运用小组工作这一社会工作专业方法培育、扶持社区老年志愿服务组织。

> **案例 7-2①**
>
> 北京市大兴区 QY 街道下设 20 个社区居委会，QY 街道现有各类社会组织 183 个，但老年志愿服务组织数量很少，活动能力较差，无法满足大量老年人参与社区建设的需求。为此，迫切需要培育、扶持老年志愿服务组织作为参与社区建设、实现积极老龄化的载体。
>
> 图 7-2 显示出 QM 专业社会工作项目的关系结构和实施过程。项目开始，QM 招募培训项目志愿者，参与项目执行。项目开始实施后，老年社区社会组织培育过程如下。
>
> 第一步：社区实际调查。事务所社工和老年社区社会组织建立专业关系，进行需求评估，通过《居家养老需求及志愿服务需求现状调查问卷》《老年社区社会组织发展现状调查问卷》进行社区调查，了解社区老年人参与社区志愿服务意愿及所在社区老年社区社会组织发展情况，找出存在问题并帮助社区社会组织建立起自我分析和自我解决问题的能力。
>
> 第二步：社区老年志愿服务组织能力建设。在社区老年志愿服务组织培育过程中，以社区需求为本，根据社区实际情况，完

---

① 本案例节选自晁霞：《老有所为视角下社区老年志愿服务组织培育实践探索——以北京 QM 社会工作事务所"三社联动"服务项目为例》，《科技经济导刊》2018 年第 10 期。

成老年志愿服务组织成长小组计划书，明确老年志愿服务组织服务主题、服务方向，进行了小组增权取向的培育活动，开展老年志愿服务组织成长小组活动，推进志愿服务工作规范化和组织制度化建设。

第三步：社区老年志愿服务组织在社区开展互助服务活动。在强化老年志愿服务组织能力建设的同时，事务所社工及项目志愿者协助各老年志愿服务组织开展了环保志愿行、QY街道老年志愿组织棋牌大赛、老少志愿者联欢会等活动，提高了老年志愿者们的组织活动能力。

通过项目一系列活动，每个老年志愿服务组织都有了自己服务的主要领域，同时带动了更多老年人走出家门，参与志愿服务。

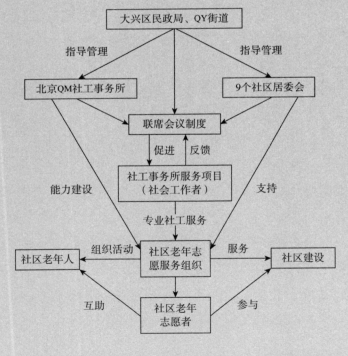

图7-2 北京市大兴区QM专业社会工作项目和实施过程

3. 社区工作：资源整合

社区社会工作是为改善社区老年资源分布不平衡和参与性差的状况以及增强社区居民互动能力而进行的社区发展工作。其实质在于重构社区网络，为社区社会资本的涌流创造条件。社区工作的影响力和覆盖面比个案工作以及主要针对小群体的小组工作更大。因而，社区工作的介入能够从很大程度上影响整个社区的活动效果。

社区工作的重点在于链接各方资源并对资源进行整合。社会工作者在摸清居委会和社区老年人群体的主要诉求的基础上，制订出有效的社区工作介入方案和行动计划，以此将双方目标加以链接。社会工作者在行动过程中扮演"中介者"和"倡导者"的角色：一方面通过志愿服务活动将原本分散在社区的老年人群体会集起来，达到重构社区网络的目的；另一方面则是培育社区老年人群体的主人翁意识，使其主动参与到社区建设中，维护公共空间的和谐。

个案工作、小组工作和社区工作的核心和一贯的思想就是通过外部"赋权"为老年人参与志愿服务提供机会，通过个体内部"增能"提升老年人的参与能力，进而强化老年人参与志愿服务的主动性和持续性。在整个过程中，社会工作者与社区老年人及老年志愿者建立起专业的工作关系，从微观、中观、宏观三个层面，建立起社区社工动员老年志愿者的服务框架：微观层面主要是掌握对方的基本情况、思想动态、价值取向、工作态度等方面的信息；中观层面主要是社区老年志愿者之间良好关系的营造，也关心动员主体与其之间的关系建设，并期待其能够分享参与动员的经验；宏观层面包括社区文化氛围的塑造、相关政策的倡导等（见表 7 - 1）。①

---

① 李震国：《社区老年志愿者参与日常社会动员的问题与对策研究》，硕士学位论文，中国青年政治学院，2017，第 38 页。

表7-1　社区社会工作介入动员的服务框架

介入层面	服务项目
微观 （个体关怀）	1. 心理评估，建立老年志愿者心理健康档案
	2. 指导、提升老年志愿者参与动员的工作技能
	3. 针对老年志愿者家庭的婚姻关系、亲子关系等问题进行评估，链接社区社会资源，进行有效转介
中观 （关系建设）	1. 同一动员领域的老年志愿者之间的人际关系、团队建设
	2. 不同动员领域的老年志愿者之间的人际关系、团队建设
	3. 老年志愿者与社区工作人员之间的人际关系、团队建设
	4. 畅通基层沟通交流渠道，搭建动员信息共享平台
	5. 建立老年志愿者互助网络，如兴趣小组等
	6. 完善相关保护保障措施，提高老年志愿者的安全感
	7. 危机介入、转介
宏观 （政策倡导）	1. 完善老年志愿者招募、培训等政策，如反歧视等
	2. 建立完善的老年志愿者参与动员的体系，明确其定位、角色与责任
	3. 设立老年志愿者关怀基金，适度给予老年志愿者以人文关怀
	4. 完善政策、法律体系，保障老年志愿者的人身、财产安全
	5. 塑造社区文化、社会环境，提高组织公众形象

　　总之，参与志愿者活动是老年人融入社会的重要渠道，也是实现积极老龄化的重要途径。客观认识并充分发掘老年人群体所蕴藏的社会资源，将其转化为应对老龄化挑战的重要力量，是老年人参与志愿者活动的意义所在，也是国家积极应对人口老龄化政策体系的重要内容。其价值的充分发挥，需要老年人持续健康参与予以保证。为此，需要提升社会老龄意识，强化政策支持保障、社会组织培育和社区建设，以及促进社会工作发育和介入等诸多层面的改革探索和多方力量的参与，以形成老年人参与志愿者活动的长效机制并推动老年志愿者活动科学化、规范化发展。

参考文献

曹婷：《从健康老龄化到积极老龄化——中国应对老龄化挑战的战略取向研究》，硕士学位论文，中国人民大学，2008。

陈虹霖：《老年义工：老龄工作新视角——从香港安老经验谈上海策略》，《社会福利》2007年第9期。

陈吉昆：《科学发展观与人口老龄化》，第八届亚洲大洋洲地区老年学和老年医学大会，2007。

陈礼勤、周长洪：《城市社区人口与计划生育工作改革初探》，南京出版社，2004。

陈立行、柳中权：《向社会福祉跨越：中国老年社会福祉研究的新视角》，社会科学文献出版社，2007。

陈茗、林志婉：《城市老年人参与社会公益活动的意愿及其影响因素》，《人口学刊》2004年第3期。

陈向明：《质的研究方法与社会科学研究》，教育科学出版社，2000。

董之鹰：《老年资源开发与现代文明社会》，经济管理出版社，1998。

杜鹏、武超：《1994～2004年中国老年人主要生活来源的变化》，《人口研究》2006年第2期。

段世江、安素霞：《志愿者活动是城市老年人社会参与的主渠道——兼论老年志愿者活动开展的必然性》，《河北大学学报》（哲学社会科学版）2011年第3期。

〔美〕厄尼·泽林斯基：《40岁开始考虑退休》，董舸、马睿译，

211

中信出版社，2004。

　　高樱：《老年志愿者活动长效机制构建研究》，硕士学位论文，华东政法大学，2014。

　　龚逾慈：《老年志愿服务：一个"充权"的过程》，《中国社会导刊》2007年第18期。

　　谷琳、乔晓春：《我国老年人健康自评影响因素分析》，《人口学刊》2006年第6期。

　　郭爱妹、石盈：《"积极老龄化"：一种社会建构论观点》，《江海学刊》2006年第5期。

　　姜振华：《社区参与与城市社区社会资本的培育》，中国社会出版社，2008。

　　李本公：《关注老龄》，华龄出版社，2007。

　　李幼穗、吉楠：《主观幸福感研究的新进展》，《天津师范大学学报》（社会科学版）2006年第2期。

　　梁玉柱：《老年协会"类科层制"的组织结构及其生成逻辑——基于深圳市四级老年协会的案例研究》，《党政研究》2018年第6期。

　　刘颂：《积极老龄化框架下老年社会参与的难点及对策》，《南京人口管理干部学院学报》2006年第4期。

　　刘婷：《高校社团管理与建设研究——台湾高校社团管理启示》，硕士学位论文，西北大学，2015。

　　刘子仟：《社区老年志愿者动员机制研究——以上海市B社区为例》，硕士学位论文，上海师范大学，2017。

　　吕朝贤、郑清霞：《中老年人参与志愿服务的影响因素分析》，《台大社会工作学刊》2005年第12期。

　　马宏：《社会资本：建设和谐社区的新视角——香港社区投资共享基金的启示》，《新资本》2006年第4期。

　　〔美〕K. W. 夏埃、S. L. 威里斯：《成人发展与老龄化》，乐国安等译，华东师范大学出版社，2003。

〔美〕N. R. 霍曼、H. A. 基亚克：《社会老年学——多学科展望》，冯韵文、屠敏珠译，社会科学文献出版社，1992。

〔美〕艾尔·巴比：《社会研究方法》，邱泽奇译，四川人民出版社，1987。

〔美〕贝蒂·弗里丹：《生命之泉喷涌》，李淑芹等译，作家出版社，1997。

〔美〕戴维·波普诺：《社会学》（第 10 版），李强译，中国人民大学出版社，1999。

〔美〕马克·缪其克、约翰·威尔逊：《志愿者》，魏娜等译，中国人民大学出版社，2013。

穆光宗：《老年发展论——21 世纪成功老龄化战略的基本框架》，《人口研究》2002 年第 6 期。

穆光宗：《老年人价值的实现问题：经济学的讨论》，《人口研究》1998 年第 5 期。

潘露、曾慧、李腾腾、朱宏锐、吕晓凡：《老年志愿者的研究进展》，《中国全科医学》2014 年第 22 期。

〔日〕袖井孝子：《老年人是社会弱势群体吗——"养老计划"的时代》，李莉、周洁等译，世界知识出版社，2016。

沈杰：《志愿行动：中国社会的探索与践行》，人民出版社，2009。

时正新主编《中国社会福利与社会进步报告（1999）》，社会科学文献出版社，2000。

世界卫生组织：《积极老龄化政策框架》，华龄出版社，2002。

宋宝安：《老年人口养老意愿的社会学分析》，《吉林大学社会科学学报》2006 年第 4 期。

孙柏瑛、游祥斌：《社区民主参与：任重道远》，《国家行政学院学报》2001 年第 2 期。

孙宝云、孙广厦：《志愿行为的主体、动机和发生机制——兼论国内对志愿者运动的误读》，《探索》2007 年第 6 期。

孙晋富：《老年人参与社会的中日比较研究——以上海市嘉定区和日本山口县为例》，硕士学位论文，华东师范大学，2006。

孙鹃娟、梅陈玉婵、陈华娟：《老年学与老有所为：国际视野》，中国人民大学出版社，2014。

谭建光：《志愿服务理念与行动》，人民出版社，2014。

唐丹、邹君：《老年人主观幸福感的影响因素》，《中国心理卫生杂志》2006 年第 3 期。

仝利民：《老年社会工作》，华东理工大学出版社，2006。

王德文、任洁：《论人口老龄化语境下老年友善社区的构建》，《厦门大学学报》（哲学社会科学版）2015 年第 5 期。

王红漫：《老年人再就业状况及影响因素分析——来自北京大学燕园地区的调查》，《市场与人口分析》2001 年第 1 期。

王思斌：《略论我国社区志愿服务的制度建设》，载田玉荣主编《非政府组织与社区发展》，社会科学文献出版社，2008。

王育忠：《关于健康老龄化与积极老龄化的思考》，载福建省老年学会主编《积极老龄化研究》，华龄出版社，2007。

邬沧萍、杜鹏：《中国人口老龄化：变化与挑战》，中国人口出版社，2006。

邬沧萍、王高：《论"老有所为"问题及其研究方法》，《老龄问题研究》1991 年第 6 期。

邬沧萍：《社会老年学》，中国人民大学出版社，1999。

香港基督教女青年会：《义工力量——香港基督教女青年会》，香港三联书店，2003。

肖巧朵：《城市社区老年志愿者服务研究——以济南为例》，硕士学位论文，山东大学，2003。

谢宇：《社会工作介入志愿服务：能力与需求的框架》，《学术研究》2018 年第 8 期。

熊必俊：《老有所为的理论与实践》，经济管理出版社，1993。

徐问：《美国的老年志愿者与社区服务》，《社会工作》2008 年第 6 期。

薛辉、丁琳：《老年志愿者手册》，中国社会出版社，2008。

阳红星：《从社会资本视角论和谐社区的构建》，《传承》2008 年第 11 期。

杨宜勇、张本波、李璐、关博、魏义方：《及时、科学、综合应对我国人口老龄化研究》，《宏观经济研究》2016 年第 9 期。

姚远：《从财富论到资源论——对老年人力资源问题的再认识》，《学海》2004 年第 1 期。

姚远：《从宏观角度认识我国政府对居家养老方式的选择》，《人口研究》2008 年第 2 期。

余峰：《我国城市社区志愿组织发展现状研究——以江苏省南京市 D 社区为例》，《商业经济》2008 年第 10 期。

袁媛、谭建光：《中国志愿服务：从社区到社会》，人民出版社，2011。

张恺悌：《中国城乡老年人社会活动和精神心理状况研究》，中国社会出版社，2009。

张强：《依老助老：老年协会参与城市社区居家养老实践研究——以武汉市 W 老年协会为例》，《西北人口》2018 年第 3 期。

张勤：《志愿者培育与可持续发展研究》，中国社会科学出版社，2016。

赵宝华：《老龄工作——新范式的探索》，华龄出版社，2004。

赵勇、段世江：《美国和香港地区老年志愿者活动的经验及启示》，《贵州社会科学》2011 年第 12 期。

中国老年学学会编《老年人的价值与社会共享》，中国劳动社会保障出版社，2000。

中国志愿服务联合会编著《中国志愿服务发展报告（2017）》，社会科学文献出版社，2017。

朱明红：《"积极老龄化"理念背景下老年人参与志愿服务的"赋权"与"增能"》，《经济研究导刊》2018 年第 35 期。

AARP, *Attitudes of Americans over 45 Years of Age on Volunteerism* (Washington, D. C.: Hamilton, Frederick and Schneiders, 1988).

Antonucci T. C., "Social Supports and Social Relationships," in R. H. Binstock and L. K. George, eds., *The Handbook of Aging and the Social Sciences* (3rd Edition) (San Diego, C. A.: Academic Press, Inc., 1990).

Baines S., Lie M., and Wheelock J., "Volunteering, Self – Help and Citizenship in Later Life," https://eprint. ncl. ac. uk/file_ store/production/55283/E31648E6 – 62FE – 407A – 9EAA – D2AFB165ED19. pdf, 2006.

Baldock C. V., "Governing the Senior Volunteer in Australia, the USA and the Netherlands," in J. Warburton and M. Oppenheimer eds., *Volunteers and Volunteering* (Sydney: The Federation Press, 2000).

Blau Z. S., "Changes in Status and Age Identification," *American Sociological Review* 2 (1956).

Bowen D. J., Andersen M. R., and Urban N., "Volunteerism in a Community – Based Sample of Women Aged 50 to 80 Years," *Journal of Applied Social Psychology* 9 (2000).

Brown S., Nesse R. M., Vonokur A. D., and Smith D. M., "Providing Social Support May be More Beneficial than Receiving It: Results from a Prospective Study of Mortality," *Psychological Science* 4 (2003).

Brown W. M. , Consedine N. S. , and Magai C. , "Altruism Relates to Health in an Ethnically Diverse Sample of Older Adults," *Journals of Gerontology Series B: Psychological Sciences and Social Sciences* 3 (2005).

Bukov A. , Maas I. , and Lampert T. , "Social Participation in Very Old Age: Cross – Sectional and Longitudinal Findings From BASE," *Journal of Gerontology: Psychological Sciences* 6 (2002).

Caro F. G. , and Bass S. A. , "Receptivity to Volunteering in the Immediate Postretirement Period," *Journal of Applied Gerontology* 4 (1997).

Chambre S. M. , "Volunteerism by Elders: Past Trends and Future Prospects," *The Gerontologist* 33 (1993).

Chambre S. M. , "Is Volunteering a Substitute for Role Loss in Old Age? An Empirical Test of Activity Theory," *The Gerontologist* 3 (1984).

Chambre S. M. , "Volunteerism by Elders: Past Trends and Future Prospects," *The Gerontologist* 2 (1993).

Chappell N. L. , and Prince M. J. , "Reasons why Canadian Seniors Volunteer," *Canadian Journal on Aging* 2 (1997).

Choi L. H. , "Factors Affecting Volunteerism Among Older Adults," *Journal of Applied Gerontology* 2 (2003).

Clary E. G. , and Snyder M. , "The Motivations to Volunteer: Theoretical and Practical Considerations," *Current Directions in Psychological Science* 5 (1999).

Clary E. G. , Snyder M. , Ridge R. D. , Copeland J. , Stukas A. A. , Haugen J. , and Miene P. , "Understanding and Assessing the Motivations of Volunteers: A Functional Approach," *Journal of Personality and Social Psychology* 6 (1998).

Clary E. G. , Snyder M. , and Ridge R. , "Volunteers' Motivations:

A Functional Strategy for the Recruitment, Placement, and Retention of Volunteers," *Nonprofit Management and Leadership* 2 (1992).

Coleman L. M., Antonucci T. C., and Adelmann P. K., "Role Involvement, Gender, and Well – Being," in F. J. Crosby, eds., *Spouse, Parent, Worker: On Gender and Multiple Roles* (New Haven: Yale University Press, 1987).

Crohan S. E., and Antonucci T. C., "Friends and a Source of Social Support in Old Age," in R. G. Adams and R. Blieszner, eds., *Older Adult Friendship: Structure and Process* (Newbury Parks, CA: Sage Publications, 1989).

Danigelis N. L., and Mcintosh B. R., "Resources and Productive Activity of Elders: Race and Gender as Contexts," *Journal of Gerontology: Social Sciences* 4 (1993).

De Vaus D., Gray M., and Stanton D., "Measuring the Value of Unpaid Household, Caring and Voluntary Work of Older Australians," (paper represented at the International Social Security Association Fourth International Conference on Social Security, 2003).

Dean A., Kolody B., and Wood P., "Effect of Social Support from Various Sources on Depression in Elderly Persons," *Journal of Health and Social Behavior* 31 (1990).

Dulin P., and Hill R., "Relationships Between Altruistic Activity and Positive and Negative Affect Among Low – Income Older Adult Service Providers," *Aging & Mental Health* 4 (2003).

Finkelstein M. A., "Correlates of Satisfaction in Older Volunteers: A Motivational Perspective," *The International Journal of Volunteer of Administration* 24 (2007).

Fischer L. R., and Schaffer K. B., *Older Volunteers: A Guide to*

Research and Practice (Newbury Parks, CA: Sage Publications, 1993).

Fischer L. R., Mueller D. P., and Cooper P. W., "Older Volunteers: A Discussion of the Minnesota Senior Study," *The Gerontologist* 2 (1991).

Fischer L. R., Mueller D. P., and Cooper P. W., "Older Volunteers: A Discussion of the Minnesota Senior Study," *The Gerontologist* 2 (1991).

Fitzpatrick T., Gitelson R. J., Andereck K., and Mesbur E. S., "Social Support Factors and Health Among a Senior Center Population in Southern Ontario, Canada," *Social Work & Health Care* 40 (2005).

Gallagher S. K., "Doing Their Share: Comparing Patterns of Help Given by Older and Younger Adults," *Journal of Marriage and the Family* 56 (1994).

Gergen M., and Gergen K. J., "Positive Aging," in J. F. Gubriun et al., eds., *Ways of Aging* (Oxford: Blackwell Publishing, 1998).

Greenfield E. A., and Marks N. F., "Formal Volunteering as a Protective Factor for Older Adults' Psychological Well – Being," *The Journals of Gerontology Series B: Psychological Sciences and Social Sciences* 5 (2004).

Harlow R., and Cantor N., "Still Participating after all These Years: A Study of Life Task Participation in Later Life," *Journal of Personality and Social Psychology* 6 (1996).

Herzog A. R., and Morgan J. S., "Formal Volunteer Work Among Older Americans," in S. A. Bass, F. G. Caro, and Y. P. Chen, eds., *Achieving a productive aging society* (Westport, CT: Auburn House, 1993).

Herzog A. R., Franks M. M., Markus H. R., and Holmberg D.,

"Activities and Well – Being in Older Age: Effects of Self – Concept and Educational Attainment," *Psychology and Aging* 2 (1998).

Hong J., and Seltzer M. M., "The Psychological Consequences of Multiple Roles: The Nonnormative Case," *Journal of Health and Social Behavior* 36 (1995).

Hooyman N. R., and Kiyak H. S., *Social Gerontology: A Multidisciplinary Perspective* (Boston: Allyn and Bacon Press, 2005).

Hunter K., and Linn M., "Psychosocial Differences Between Elderly Volunteers and Non – Volunteers," *International Journal of Aging and Human Development* 12 (1980).

Katz S., *Disciplining Old Age: The Formation of Gerontological Knowledge* (Charlottesville, VA: University Press of Virginia, 1996).

Kim J. E., and Moen P., "Retirement Transitions, Gender, and Psychological Well – Being A Life – Course, Ecological Model," *The Journals of Gerontology Series B: Psychological Sciences and Social Sciences* 3 (2002).

Kouri M. K., *Volunteerism and Older Adults* (Santa Barbara, CA: ABC – CLIO, 1990).

Krause N., Herzog A. R., and Baker E., "Providing Support to Others and Well – Being in Later Life," *Journal of Gerontology* 47 (1992).

Larson R., Mannell R., and Zuzanek J., "Daily Well – Being of Older Adults with Friends and Family," *Psychology and Aging* 2 (1986).

Lazarus R. S., and Lazarus B. N., *Coping with Aging* (New York: Oxford University Press, 2006).

Lemon B. W., Bengston V. L., and Peterson J. A., "An Exploration of the Activity Theory of Aging: Activity Types and Life Satisfaction

Among In – Movers to a Retirement Community," *Journal of Gerontology* 4 (1972).

Li Y. , and Ferraro K. F. "Volunteering in Middle and Later Life: Is Health a Benefit, Barrier or Both?" *Social Forces* 1 (2006).

Li Y. , and Ferraro K. F. , "Volunteering and Depression in Later Life: Social Benefit or Selection Processes?" *Journal of Health and Social Behavior* 46 (2005).

Liang J. , Krause N. M. , and Bennett J. M. , "Social Exchange and Well – Being: Is Giving Better than Receiving?" *Psychology and Aging* 3 (2001).

Luks A. , and Payne P. , *The Healing Power of Doing Good* (New York: Fawcett Columbine, 1991).

Lum T. Y. , and Lightfoot E. , "The Effects of Volunteering on the Physical and Mental Health of Older People," *Research on Aging* 1 (2005).

Luoh M. C. , and Herzog A. R. , "Individual Consequences of Volunteer and Paid Work in Old Age: Health and Mortality," *Journal of Health and Social Behavior* 4 (2002).

Macleod A. K. , and Conway C. , "Well – Being and the Anticipation of Future Positive Experiences: The Role of Income, Social Networks, and Planning Ability," *Cognition and Emotion* 3 (2005).

Marriott Senior Living Services, *Marriott's Senior Volunteerism Study* (Washington, D. C. : U. S. Administration on Aging, 1991).

Mcintyre G. , and Howie L. , "Adapting to Widowhood Through Meaningful Occupations: A Case Study," *Scandinavian Journal of Occupational Therapy* 2 (2002).

McRoy R. G. , "Qualitative Research," in R. L. Edwards eds. ,

The Encyclopedia of Social Work (Washington, D. C. : NASW Press, 1995).

Menec V. H. , "The Relation Between Everyday Activities and Successful Aging: A 6 – Year Longitudinal Study," *The Journals of Gerontology Series B: Psychological Sciences and Social Sciences* 2 (2003).

Midlarsky E. , and Kahana E. , *Altruism in Later Life* (Newbury Parks, CA: Sage Publications, 1994).

Morris R. , and Caro F. G. , "Productive Retirement: Stimulating Greater Volunteer Efforts to Meet National Needs," *Journal of Volunteer Administration* 2 (1996).

Morrow – Howell N. , Hinterlong J. , Rozario P. A. , and Tang F. , "Effects of Volunteering on the Well – Being of Older Adults," *The Journals of Gerontology Series B: Psychological Sciences and Social Sciences* 3 (2003).

Musick M. A. , Herzog A. R. , and House J. S. , "Volunteering and Mortality Among Older Adults: Findings from a National Sample," *Journals of Gerontology Series B: Psychological Sciences and Social Sciences* 3 (1999).

NGA Center for Best Practices, "Increasing Volunteerism Among Older Adults: Benefits and Strategies for States," *Issue Brief* May (2008).

Okun M. A. , "The Relation Between Motives for Organizational Volunteering and Frequency of Volunteering by Elders," *Journal of Applied Gerontology* 2 (1994).

Okun M. A. , and Schultz A. , "Age and Motives for Volunteering: Testing Hypothesises Derived From Socioemotional Selectivity Theory," *Psychology and Aging* 2 (2003).

Onyx J. , and Warburton J. , "Volunteering and Health Among Older

People: A Review," *Australasian Journal on Aging* 2 (2003).

Palmore E. B. , *Ageism: Negative and Positive* (New York: Springer, 2001).

Passuth P. M. , and Bengtson V. L. , "Sociological Theories of Aging: Current Perspectives and Future Directions," in J. E. Birren and V. L. Bengtson, eds. , *Emergent Theories of Aging* (New York: Springer, 1988).

Perry J. L. , "Civic Service in North America," *Nonprofit and Voluntary Sector Quarterly* 4 (2004).

Rook K. S. , "Facilitating Friendship Formation in Late Life: Puzzles and Challenges," *American Journal of Community Psychology* 19 (1991).

Rook K. S. , and Sorkin D. H. , "Fostering Social Ties Through a Volunteer Role: Implications for Older – Adults' Psychological Health," *International Journal of Aging and Human Development* 4 (2003).

Schwartz C. , Meisenhelder J. B. , Ma Y. , and Reed G. , "Altruistic Social Interest Behaviors Are Associated with Better Mental Health," *Psychosomatic Medicine* 5 (2003).

Siegenthaler K. L. , and Vaughan J. , "Older Women in Retirement Communities: Perceptions of Recreation and Leisure," *Leisure Sciences* 20 (1998).

Sokolowski S. W. , "Show Me the Way to the Next Worthy Deed: Towards a Microstructural Theory of Volunteering and Giving," *Voluntas International Journal of Voluntary and Non – Profit Organizations* 3 (1996).

Strauss A. , and Cobin J. , *Basics of Qualitative Research: Grounded Theory Procedures and Techniques* (Newbury Parks, C. A. : Sage Publications, 1990).

Willigen M. V. , "Differential Benefits of Volunteering Across the

Life Course," *The Journals of Gerontology Series B: Psychological Sciences and Social Sciences* 5 (2000).

Verba S., Scholzman K. L., and Brady H. E., *Voice and Equity: Civic Voluntarism in American Politics* (Cambridge, MA: Harvard University Press, 1995).

Warburton J., and Terry D. J., "Volunteer Decision Making by Older People: A Test of a Revised Theory of Planned Behavior," *Basic and Applied Social Psychology* 22 (2000).

Warburton J., Terry D. J., Rosenman L. S., and Shapiro M., "Differences Between Older Volunteers and Nonvolunteers: Attitudinal, Normative, and Control Beliefs," *Research on Aging* 5 (2001).

Wilson J., and Musick M., "Who Cares? Toward an Integrated Theory of Volunteer Work," *American Sociological Review* 5 (1997).

Wood V., and Robertson J. F., "Friendship and Kinship Interaction: Differential Effect on the Morale of the Elderly," *Journal of Marriage and the Family* 40 (1978).

半结构性访谈提纲

老年人参加志愿者活动调查问卷

A. 一般问题

A1. 您的年龄？

A2. 您的文化程度？

A3. 您退休前的职业？

A4. 您目前的月收入、主要收入来源？

A5. 您现在和谁住在一起？

B. 志愿者活动参加情况

B1. 您何时参加的志愿者活动？什么活动？活动范围？时间？服务对象？

B2. 您现在从事的活动是自己选择的，还是志愿者团体组织的？

B3. 您参加志愿者活动的动机是什么？

B4. 在从事有收入的工作和从事志愿者活动之间，您是如何选择的？

B5. 通常每周花在志愿者活动上的时间是多少？

B6. 您参与志愿者活动，您的家人持何态度？

B7. 周围人如何看待你们的活动？

B8. 您认为老年人参与志愿者活动需要具备什么条件？

B9. 有些老年人没有参加志愿者活动，您认为是什么原因？

B10. 从事这些活动，需要您自己支付某种费用吗？如果需要，您如何看待？

B11. 您认为在志愿者活动中最大的困难来自哪里？

B12. 您的伙伴对志愿者活动有何态度？有没有泄气的、退出的？有何原因？

B13. 参与志愿者活动对您有何影响？表现在哪些方面？

B14. 您认为参与志愿者活动对社会的影响表现在哪些方面？

B15. 让更多的老年人参与到志愿者活动中来，您认为有必要吗？

B16. 将来您打算继续参与志愿者活动吗？

B17. 您愿意自己开展志愿者活动，还是参与有组织的活动？

B18. 您认为进一步促进老年人参加志愿者活动，需要解决哪些问题？

C. 非志愿者的情况

C1. 您了解志愿者活动吗？

C2. 您周围的老年人有参加志愿者活动的吗？

C3. 你没有参加志愿者活动的原因是什么？

C4. 您对老年人参与志愿者活动有什么看法？

C5. 您有参与志愿者活动的打算吗？如有，打算参加什么活动？

附录 2

受访者情况简介

编号	性别	年龄（岁）	文化程度	所从事的工作
01	女	67	小学毕业	社区服务
02	女	60	中专	社区服务
03	男	68	中专	社区党支部书记，社区公益性服务
04	女	63	中专	社区服务
05	男	65	高中	社区党支部书记，社区公益性服务，教社区老年人太极拳
06	男	80	高中	讲党课
07	女	60	初中	维护社区治安，迎奥运创卫进城市，文明站台值勤
08	女	68	中专	教授社区中老年人手工编织技术
09	女	70	大本	社区便民服务队，爱心织女（为四川灾区儿童织衣服）
10	男	77	初中	组建马广明便民服务队
11	男	70	大学	为社区活动摄影
12	女	68	中专	社区值班，参加独居姐妹互助组
13	女	69	初中	为老服务，治安巡逻，维护环境
14	女	78	—	组织老年人成立了独居姐妹互助组，成立了"志愿者爱心工作室"，开通为老服务热线
15	女	63	初中	爱心工作室书记，社区组织委员，腰鼓队队长
16	男	67	高中	社区服务，组织秧歌队

续表

编号	性别	年龄（岁）	文化程度	所从事的工作
17	女	64	—	非志愿者
18	男	73	本科	社区管理，解决了社区停车难的问题
19	男	65	—	非志愿者
20	女	89	—	创建北京首家街道级老年学校

后　记

　　本书是在笔者博士学位论文的基础上修改而成的。2009 年博士学位论文答辩后，本想尽快出版，但随即的教学科研任务，尤其是连续承担了两项国家社科规划课题，打乱了论文修改的节奏。

　　也是在这几年，中国老龄化形势日益严峻，国家应对老龄化的理念和行动也发生了根本性转变。

　　2013 年施行的《老年法》明确了积极应对人口老龄化是国家的一项长期战略任务。2016 年习近平总书记在主持中央政治局集体学习时强调挖掘人口老龄化给国家发展带来的活力和机遇，强调要着力增强全社会积极应对人口老龄化的思想观念，要积极看待老龄社会，积极看待老年人和老年生活。

　　国家战略和高层决策正推动积极、科学应对人口老龄化的社会共识逐步形成，也必然使积极老龄化政策成为积极应对人口老龄化战略的重要选项而受到重视。

　　新实践推动理论创新，理论引领实践发展。伴随着中国独特而丰富的老龄化发展和应对实践，老龄科学研究也在不断拓展和丰富。关于老年人社会参与的研究也明显增多，其中老年人参与志愿者活动方面的研究也受到更多关注，无论是在期刊文献还是在硕博士学位论文里都逐渐有了显示度。笔者的博士学位论文是较早系统研究中国老年人参与志愿者活动的成果，此时出版面世，也是为了让她融入中国人口老龄化实践和研究的时代潮流，以接受检验并为繁荣老龄科学研究尽绵薄之力。

　　参与是应对人口老龄化的内在动力。我的博士学位论文所研究的老年人参与志愿者活动，是社会参与的重要渠道和形式。尽管成果已搁置多年，但关于老年人参与志愿者活动所呈现的积极意义已经阐述得十分翔实而丰富；对中国老年人参与志愿者活动的状况和类型的概括，以及对发展趋势的判断，对老年人参与志愿者活动的动机以及参与志愿者活动的制约因素等方面的研究结论依然具有鲜明的时代意义。

基于以上考虑，笔者对论文未做太多修改，重点增加了对国外和中国香港地区的老年志愿服务活动开展情况的介绍，以供参考借鉴。对于有关老年人社会参与的理念、规划及政策方面的变化，笔者在前言部分做了补充和回应，在文中所涉部分也做了相应调整。

时光荏苒，多年后再触摸这篇论文，万千思绪油然而生。我的导师姚远教授为论文的顺利完成倾注了很多心血和期待。从论文的选题、提纲拟订到修改定稿，都给予了悉心指导和帮助。由于论文选题当时在国内鲜有研究，一开始，感到无从下手，不时处于困惑和不安当中，导师多次耐心指导，使我逐步厘清思路，进入了研究和写作状态。每次审阅后的页页"红批"，饱含着老师独到的学术见解和严谨的治学态度，也推动并激励着我以更加饱满的精神状态投入研究之中。导师的魅力令我感佩万分，受益终生！导师现在虽已退休，但仍活跃在老龄学术研究和为老社会实践中。在此向姚老师致以诚挚的谢意和崇高的敬意！

感谢王金营教授对我求学深造给予的支持和对论文研究给予的指导。邬沧萍教授、翟振武教授、杜鹏教授、顾宝昌教授、段成荣教授、姜向群教授等深厚的学术造诣、坦诚的人格魅力无不令人折服。他们的课堂、他们的讲座、他们的言谈举止，让我从中领略了大师风范，深感此行不虚。

时任北京市崇文区永铁苑社区居委会主任李桂琴女士和海淀区社区义工联合会秘书长张格华女士为社区调查提供了切实的帮助，

她们的支持是研究得以顺利进行的基础和保证。在此对她们深表谢意！同时感谢20位受访的老年人，他们以积极的人生态度、自强不息的精神风貌、高度的社会责任感和使命感，展示了当代老年人的风采和美德。没有他们的协助与配合，就无法了解到中国老龄社会令人鼓舞的真实景象，也就没有自认为鲜活的研究成果。

感谢张岭泉师兄、梅运彬师兄、闫萍师妹、徐萍师妹、范西莹师妹、王秀虹老师、马建桂老师等在写作环境、社会调查、资料收集及论文所涉技术等方面给予的大力帮助。与室友王开春以及同窗杨慧、林宝、吴丽丽、南隽、梁淑敏、袁小波、茅倬彦、出和晓子、孙慧峰，还有米峙师妹、尹银师妹、谢楠师弟、陈煦师弟、段玉珊师妹以及许静、任兰兰等一起度过了一段快乐而充实的岁月。即使毕业了我们仍然保持着密切的联系，互相帮助、互相支持、互相鼓励。

三年的学习生活，家人给予我无私的支持和帮助。我的姐弟们承担了本应属于我的照顾母亲的责任；岳父、岳母以及我的妻子悉心照料家庭、生活中默默付出，让我没有后顾之忧；那时女儿在读小学，正需要陪伴，却聚少离多，每次离别，女儿总是泪水涟涟、依依不舍。一晃十年又过去了，女儿也快高考了。从论文转变成著作的时间跨度，正是陪伴女儿一起走过的成长岁月，其中积淀了太浓的亲情和成长的感悟！

本书的顺利付梓得益于很多朋友和学生们的帮助。在此，深表谢忱！

河北大学人口研究所2017级研究生孙世禹收集整理了国外和中国香港地区老年志愿者活动的丰富资料。2018级研究生黄卓、苏寒云、姚健、张雪和郑佳欣承担了书稿整理工作。唐山工业职业技术学院的吴洪美老师翻译整理了所需的日文资料。

本书的出版得到部省合建优势特色学科建设项目的支持和资助，

本书在写作过程中参考了大量国内外学者的相关研究成果，在此一并致谢。

　　最后，笔者深盼这本关于老年人参与志愿者活动的专著能为中国老龄事业发展提供参考。更希望老年人能够拥有积极、健康、有尊严的晚年！

　　在本书行将出版之际，既感慨万千，又意犹未尽。略作数语，聊表心迹，是为记。

于己亥年芬芳四月

图书在版编目（CIP）数据

老年人参与志愿者活动：积极老龄化的重要实现途
径／段世江著. -- 北京：社会科学文献出版社，
2020.1
　ISBN 978 - 7 - 5201 - 5605 - 9

　Ⅰ.①老…　Ⅱ.①段…　Ⅲ.①老年人 - 志愿者 - 社会
服务 - 研究 - 中国　Ⅳ.①D669.6
　中国版本图书馆 CIP 数据核字（2019）第 210517 号

老年人参与志愿者活动
—— 积极老龄化的重要实现途径

著　　者／段世江

出 版 人／谢寿光
组稿编辑／邓泳红　吴　敏
责任编辑／张　媛　柯　宓

出　　版／社会科学文献出版社·皮书出版分社（010）59367127
　　　　　地址：北京市北三环中路甲 29 号院华龙大厦　邮编：100029
　　　　　网址：www. ssap. com. cn
发　　行／市场营销中心（010）59367081　59367083
印　　装／三河市尚艺印装有限公司

规　　格／开　本：787mm×1092mm　1/16
　　　　　印　张：15.5　字　数：200 千字
版　　次／2020 年 1 月第 1 版　2020 年 1 月第 1 次印刷
书　　号／ISBN 978 - 7 - 5201 - 5605 - 9
定　　价／89.00 元

本书如有印装质量问题，请与读者服务中心（010 - 59367028）联系